D1795134

PILGRIM PRAYER

GWEDDI'R PERERIN

GWEDDI'R PERERIN

❖ ❖

lluniwyd gan

JIM COTTER

a

chyfieithwyd i'r Gymraeg gan

CYNTHIA DAVIES

CYHOEDDIADAU CAIRNS
HARLECH
2003

PILGRIM PRAYER

❖ ❖ ❖ ❖ ❖ ❖ ❖ ❖ ❖ ❖ ❖ ❖ ❖ ❖ ❖ ❖ ❖ ❖

compiled by

JIM COTTER

and
translated into Welsh by

CYNTHIA DAVIES

CAIRNS PUBLICATIONS
HARLECH
2003

Data Catalogio wrth Gyhoeddi y Llyfrgell Brydeinig. Mae cofnod
ar gyfer y llyfr hwn ar gael oddi wrth y Llyfrgell Brydeinig.

Cyfrolau cymar:
Prayer at Night's Approaching
Prayer at Day's Dawning
Waymarks: Cairns for a Journey

CYHOEDDIADAU CAIRNS
Dwylan, Stryd Fawr, Harlech, Gwynedd LL46 2YA

www.cottercairns.co.uk
office@cottercairns.co.uk

ISBN 1 870652 40 1

Cysodwyd mewn Monotype Baskerville gan
Wasanaethau Cyhoeddi Strathmore, Llundain EC1

Argraffwyd ym Mhrydain Fawr gan
Biddles Cyf, Kings Lynn

British Library Cataloguing in Publication Data.
A record for this book is available from the British Library.

Companion volumes:
Prayer at Night's Approaching
Prayer at Day's Dawning
Waymarks: Cairns for a Journey

CAIRNS PUBLICATIONS
Dwylan, Stryd Fawr, Harlech, Gwynedd LL46 2YA

www.cottercairns.co.uk
office@cottercairns.co.uk

ISBN 1 870652 40 1

Typeset in Monotype Baskerville by
Strathmore Publishing Services, London EC1

Printed in Great Britain by
Biddles Ltd, Kings Lynn

Cyflwynedig
i leisiau Cymru,
yn y gorffennol a'r presennol,
mewn cerdd a chân,
yn un â,
ond yn wahanol i
leisiau
Rhufain, Caer-gaint a Genefa

Dedicated
to the voices of Wales,
past and present,
said and sung,
in union with
and distinct from
the voices of
Rome, Canterbury, and Geneva

CYNNWYS

CONTENTS

RHAGAIR

Mae bodau dynol yn mynd ar daith am bob math o resymau: i ddianc rhag gormes, i ddod o hyd i borfa frasach, i edrych am waith, i gael gwyliau, i fynd ar bererindod. Mae'r ffin rhwng gwyliau a phererindod yn un niwlog. Wedi'r cyfan, gwyliau oedd 'dyddiau gŵyl' gynt, toriad bach i'w groesawu yng nghanol y gwaith llafurus. Ond heddiw fe allwn ni'n hawdd ein twyllo'n hunain bod taith ar fws yn bererindod, yn unig am fod llefydd 'lle roedd gweddi'n ddilys' yno i ymweld â nhw – er bod dweud hynny efallai yn sarhau twristiaid. Y cwestiwn i bob un ohonom yw hyn: Sut y gellir agor llygaid sydd wedi pylu? Sut y gellir gwneud i lygaid marwaidd ganolbwyntio? Sut y gallwn ni deithio yn ysbryd pererindod, boed hynny wrth ddilyn hen lwybr y pererinion, troedio strydoedd y ddinas lle rydym yn byw, neu deithio'n fewnol yn unig, os ydy cyflwr ein corff yn ein cyfyngu ni i un ystafell?

Efallai y gall y llyfr hwn fod o gymorth. Mae'n darparu deunydd ar gyfer taith wythnos a gellir ei ddefnyddio gan unigolyn ar ei ben ei hun neu gydag eraill. Gall fod yn fframwaith boreol weddi cyn dechrau ar daith y dydd. Mae ei naws yn Geltaidd, neu i fod yn fwy manwl, mae'n dilyn traddodiad ysbrydol Cymru. Plethwyd delwedd llwybr y pererin i'r salmau, y darlleniadau Beiblaidd, y cerddi, yr emynau a'r gweddïau.

Wrth i'r llyfr ymffurfio fe'i defnyddiwyd yn Llandecwyn, eglwys fach ym mryniau Gwynedd gerllaw cornel ogleddol Bae Ceredigion yng Ngogledd Cymru, lle sydd ei hun yn dod yn arhosfan syml i bererinion erbyn hyn. Yng nghraidd y weddi a offrymir yno mae tawelwch, wedi'i ddwysáu yn aml

PREFACE

Human beings go on journeys for all manner of reasons: to flee from tyranny, to find better pasture, to look for work, to take a holiday, to go on pilgrimage. The boundary between holidays and pilgrimages is blurred. After all, a holiday was once a 'holy-day', a welcome break from back-breaking toil. But today we can easily dupe ourselves into thinking that a coach tour is a pilgrimage simply because there are visits to places where "prayer has been valid" – though that may be an insult to tourists. The question for all of us is this: How can dull eyes be opened? How can glazed eyes become focused? How can we make a journey in the spirit of a pilgrimage, whether it be in following an old pilgrim trail, or threading our way through the streets of the city in which we live, or simply travelling our inscape if our physical condition limits us to one room?

This book may help. It provides material for a week's journey and can be used either alone or with others. It could be the framework for morning prayer before setting out on the day's walk. It has a Celtic flavour, more precisely the tradition of the spirituality of Wales. The imagery of the pilgrim path is woven through the psalms, biblical readings, poems, hymns, and prayers.

As the book has taken shape it has been used at Llandecwyn, a small church in the hills of Gwynedd near the northernmost corner of Ceredigion Bay in North Wales, a place which is itself becoming a modest staging post for pilgrims. At the heart of the praying there is silence, often made more intense by the wind through the churchyard or by

gan sŵn y gwynt yn y fynwent neu ymgecru'r gwenoliaid sy'n nythu yn y porth. Mewn nifer o fannau yn y testun fe awgrymir tawelwch – na ddylid ei fyrhau i saib gan y diamynedd a'r pryderus. Un ffordd o weddïo'r salmau yw cael ysbaid dawel ar ddiwedd pob llinell, i wrando fel petai ar ei hadlais yn dod yn ôl atoch yn y tawelwch cyn i chi symud ymlaen at y nesaf.

Rydw i'n ddiolchgar i Cynthia Davies o Fangor am gyfieithu'r darnau o'r testun a oedd yn y Saesneg yn wreiddiol, ac am ddethol emynau Cymraeg lle nad oedd yr emynau Saesneg yn gyfieithiadau o'r Gymraeg. Fy niolch hefyd i Aled Jones Williams o Borthmadog am ei arweiniad a'i anogaeth, ac i Barry Morgan, Archesgob Cymru, am ei Gyflwyniad hael.

JIM COTTER
Llandecwyn a Harlech
Ebrill 2003

the arguments of swallows nesting in the porch. There are a number of places in the text where a period of silence is suggested – not to be reduced to a pause by the impatient and anxious. One way of praying the psalms is to pause after each line and, as it were, hear the echo of the line come back to you in the silence before going on to the next.

I am grateful to Cynthia Davies of Bangor for her work of translation of the parts of the text originally in English, and for her selection of Welsh hymns where the English ones are not themselves translations from the Welsh. My thanks also to Aled Jones Williams of Porthmadog for his guidance and encouragement, and to Barry Morgan, Archbishop of Wales, for his generous Foreword.

JIM COTTER
Llandecwyn and Harlech
April 2003

CYFLWYNIAD

Cyfarfûm â Jim Cotter gyntaf pan oeddwn yn Esgob Bangor. Yr oedd Jim yn chwilio am eglwys lle y gallai ddatblygu gweinidogaeth syml iawn o gynnig man tangnefeddus, tawel, lle y gallai pererinion ddod i weddïo. Wedi edrych ar nifer o eglwysi dewisodd Jim Landecwyn rhwng Porthmadog a Harlech. Mae Llandecwyn, a godwyd ar sail eglwys gynharach ganoloesol, yn sefyll gerllaw un o hen ffyrdd y pererinion. Mae'r golygfeydd oddi yno yn wefreiddiol.

Ond pam mae'n rhaid i chi fynd i le arbennig i weddïo? Onid yw gweddi i fod yn gymaint rhan o'n bywyd beunyddiol â gwaith neu chwarae? Mewn byd delfrydol byddai hyn yn wir. Ond mae'r pwysau sy'n ein hwynebu o ddydd i ddydd yn medru gwthio gweddi i waelod rhestr ein blaenoriaethau yn gyflym iawn. Mae angen cymorth arnom i'w adfer i'w briod le yn ein bywydau, i'n galluogi ni i ganoli'n bywyd ar Dduw unwaith yn rhagor.

Dyna pam y mae pererindota a chanolfannau pererindod mor bwysig i ni. Nid diangfeydd rhag y byd mohonynt – mae pererinion yn bobl go iawn sy'n teithio i leoedd go iawn. Yn hytrach maen nhw'n rhoi gofod a chyfle i ni fyfyrio ar ein bywydau a'n perthynas â Duw er mwyn ein helpu ni i'w hailganoli drachefn. I rai, gall pererindod fod yn daith gorfforol, bydd eraill yn pererindota yn y man lle maen nhw, gan gychwyn ar eu taith ysbrydol oddi mewn i batrwm eu bywyd beunyddiol.

Yr hyn sydd yn gwneud y llyfr hwn mor bwysig greda' i, yw ei fod yn darparu deunydd ar gyfer pob math o bererindod a phererin. Yn rhy aml o lawer rydyn ni fel eglwys

FOREWORD

I first met Jim Cotter when I was Bishop of Bangor. Jim was looking for a church in which he could develop a very simple ministry of offering a place of peace and quiet where pilgrims could come to pray. After looking at a number of churches Jim settled on Llandecwyn, between Porthmadog and Harlech. Built on the site of an early medieval church, and offering magnificent views, Llandecwyn stands near an old pilgrimage route.

But why do you need to go somewhere special to pray? Prayer is surely meant to be as much part of our daily lives as work or play. In an ideal world this would be true. But the pressures we face, day by day, can very quickly push prayer to the bottom of our list of priorities. We need help to restore it to its proper place in our lives and to centre our lives once more on God.

This is why pilgrimage and places of pilgrimage are so important to us. They are not escapes from the world – pilgrims are real people who journey to real places. But they are opportunities for us to find space and peace to reflect on our lives and our relationship with God so that we can help refocus them. For some, a pilgrimage may be a physical journey, others will make their pilgrimage where they are, embarking on a spiritual journey within the pattern of their daily lives.

What makes this book so important, I believe, is that it provides material for all sorts of pilgrimage and pilgrim. Too often as a church we tell people to pray without giving them much support to do this. The carefully written and selected

yn dweud wrth bobl i weddïo heb roi llawer o gyfarwyddyd iddynt ar sut i fynd ati. Mae'r gweddïau, y salmau a'r darlleniadau sydd yn *Gweddi'r Pererin* yn adnoddau meddylgar sydd yn ein herio, adnoddau a fydd yn fuddiol iawn i'r sawl sy'n eu defnyddio. Ond gan fod Jim wedi ymgorffori llais y bardd a'r emynydd yn y llyfr yn ogystal â darnau o'r ysgrythur, ceir ymdeimlad o rannu ffydd, gweledigaeth ac anogaeth ein brodyr a'n chwiorydd yng Nghrist o bob cenhedlaeth – cyd-bererinion sy'n rhannu eu ffydd a'u gweledigaeth o Dduw gyda ni. Nid ydym yn teithio ar ein pen ein hunain – rydym yn cael ein hamgylchynu a'n cynnal gan dorf enfawr o dystion.

Rydw i'n cymeradwyo'r llyfr hwn i chwi yn wresog ac yn diolch i Jim am ei waith. Mae cyhoeddi'r gwaith hwn yn ddwyieithog yn hwb bwysig. Bydd yn helpu'r llyfr i ddod yn adnodd amhrisiadwy a fydd cyn pen fawr o dro yn cael ei drysori a'i ddefnyddio yma yng Nghymru ac yn yr eglwys ehangach.

+ BARRY CAMBRENSIS
Llandaf, Gorffennaf 2003

prayers and readings and psalms in *Pilgrim Prayer* provide thoughtful and challenging resources which will be of enormous benefit to the user. But also, because Jim has incorporated not just passages of scripture but also the voice of the poet and hymn writer, there is a real sense of sharing in the vision, faith and encouragement of our brothers and sisters in Christ from every generation – fellow pilgrims who share with us their vision of God and their faith. We do not journey alone – we are surrounded and supported by so great a cloud of witnesses.

I warmly commend this book to you and thank Jim for his work. It is important that this work is being published bilingually: I believe this will help it become an invaluable resource which will soon be much treasured and used both in Wales and in the wider church.

+ BARRY CAMBRENSIS
Llandaf, July 2003

DYDD SUL

SUNDAY

SALM A GWEDDI AGORIADOL

Tawelwch

CEIR cipolwg ar y diwedd yng nghanol y daith:
mae'r cyflawniad y tu hwnt i'n dychymyg.
Ceir cipolwg ar y diwedd yng nghanol y daith:
mae'r cyflawniad y tu hwnt i'n dychymyg.
Bendigedig yw'r rhai y mae eu nerth ynot ti,
y mae dy ffyrdd yn eu calon,
y rhai sydd wrth ymlwybro trwy wastadedd diflastod
yn dod o hyd i ffynnon annisgwyl,
sy'n tarddu o ddyfnder y tir diffaith,
ac yn llenwi'r pyllau â dŵr.
Maent hwy yn troi'n ffynhonnau iachâd i eraill,
yn gronfeydd o dosturi i'r rhai archolledig.
Wedi cael eu hatgyfnerthu eu hunain maent hwy yn rhoi
dewrder i eraill,
a bydd Duw yno ar derfyn eu taith.
Ceir cipolwg ar y diwedd yng nghanol y daith:
mae'r cyflawniad y tu hwnt i'n dychymyg.

O DDUW pererinion yr anialwch, **syfrdana ni, ni sy'n**
lluddedig ar ôl dyddiau undonog o haul neu gwmwl,
sy'n dwyn olion ymosodiad gwyntoedd troellog
anferthol, syfrdana ni eto ag afrlladfa o ryfeddod,
datguddiad o gariad, hafan o adfywiad, blas o'r
cynhaeaf, eiliad o ras. Amen.

OPENING PSALM AND PRAYER

Silence

THE end is known in the midst of the journey:
the fulfilment is beyond our imagining.
**The end is known in the midst of the journey:
the fulfilment is beyond our imagining.**
Blessed are those whose strength is in you,
in whose heart are your ways,
who trudging through the plains of misery
find in them an unexpected spring,
a well from deep below the barren ground,
and the pools are filled with water.
They become springs of healing for others,
reservoirs of compassion for those who are bruised.
Strengthened themselves they give courage to others,
and God will be there at the end of their journey.
**The end is known in the midst of the journey:
the fulfilment is beyond our imagining.**

O GOD of the desert pilgrims, **we who are wearied by
monotonous days of sun or cloud, who are battered
by the monstrous whirling winds, surprise us yet
with a monstrance of wonder, a revelation of love, an
oasis of refreshment, a taste of the harvest, a
moment of grace. Amen.**

SALM 120: SALMAU'R PERERIN I

Niwed a Chymorth: A fyddaf fi yn rhydd byth?

Ers y dyddiau cyn imi wybod bod yna ddyddiau,
yn nhywyllwch nos barhaus,
daliwyd fi mewn gwlad estron,
fy ngelynion oedd ffynhonnell fy mywyd.
**Wedi fy nghaethiwo ac o dan warchae, yn methu
symud,**
llefaf o'm carchar, Bydded i'm taith ddechrau.
Wedi fy nrysu gan wenau croeso a thangnefedd,
wedi fy maethu, fe ymddengys, er fy lles fy hun,
gorweddais gerllaw twyll a dichell,
yn weladwy yng ngoleuni parch rhywun arall yn unig.
**Wedi fy nghaethiwo ac o dan warchae, yn methu
symud,**
llefaf o'm carchar, Bydded i'm taith ddechrau.
Anedlais awyr a oedd yn llawn o sibrydion brad,
wedi fy nal fel yr oeddwn gan lais y celwydd.
Wedi fy heintio gan eiriau a oedd yn finiog ac yn chwerw,
roedd hi'n anodd gwrthsefyll yr awydd i ddial.
**Wedi fy nghaethiwo ac o dan warchae, yn methu
symud,**
llefaf o'm carchar, Bydded i'm taith ddechrau.
Fel aderyn bach cryna fy holl enaid,
wedi'i sigo gan fy nghamre crynedig cyntaf.
O'r diwedd caf adael y lle sy'n beryglus imi,
wedi cael cip ar dy gariad cywir, sicr di.
Felly y rhoddaist imi egin rhyddid:
bydd y saethau'n anelu at y rhai sydd yn fy erlid,
bydd y goeden fanadl wrth losgi yn gwywo'r celwydd,
bydd calon fy mradwr wrth gael ei deifio gan y gwirionedd
yn dod yn fyw.

PSALM 120: THE PILGRIM PSALMS I

Harm and Help: Will I ever be free?

FROM the days before I knew there were days,
in the darkness of continuing night,
I was caught in an alien country,
my enemies the source of my life.
Trapped and besieged, unable to move,
I cry from my prison, Let my journey begin.
Bewildered by the smiles of welcome and peace,
nourished, it seemed, for my good,
I lay close to pretence and deceit,
seen only in the light of another's esteem.
Trapped and besieged, unable to move,
I cry from my prison, Let my journey begin.
I breathed the air of whispered betrayal,
entangled as I was in the voice of the lie.
Infected by words that were bitter and sharp,
it was hard to resist the desire for revenge.
Trapped and besieged, unable to move,
I cry from my prison, Let my journey begin.
Like a fledgling my whole being trembled,
shaken by my first faltering steps.
At last I could leave the place of my peril,
glimpsing your love which is true and assured.
So you gave me the beginnings of freedom:
the arrows will turn back on those who pursue me,
the burning of the broom tree will shrivel the lie,
my betrayer's heart seared to life by the truth.

Tawelwch

PILER o Dân, dyro imi ddewrder **wrth imi ddechrau dy ddilyn di ar hyd ffordd y pererin. Crea graidd llonydd a brwd ynof fel y gallaf wrthsefyll creulondeb y rhai sy'n ymddangos fel pe baent yn fy ngharu. Helpa fi i sefyll yn gadarn wrth imi wrthod cydgynllwynio. Cadw fi rhag cael fy niweidio drachefn. Cadw fi'n ddiysgog pan fyddaf yn ysgogi mewn eraill wrthdaro sydd heb ei ddatrys, oherwydd yr wyt ti'n eu caru hwy cymaint ag yr wyt ti'n fy ngharu i. Rhyddha fy nghadwynau yn y celloedd, a rhyddha hwythau o'u carchar hefyd. Amen.**

Silence

GIVE me courage, Pillar of Flame, **as I begin to follow you on the pilgrim way. Create a calm and glowing centre within me that I may resist the cruelties of those who seem to love me. May I be firm in refusing all collusion. May I be harmed no more. Keep me steady when I arouse unresolved conflicts in others, for you love them as much as you love me. Loose my chains in the dungeons, and free them from their prisons too. Amen.**

SALM 121: SALM Y PERERIN II

Caledi ac Adfywiad: Oes gen i'r dewrder i ymddiried?

EDRYCHAF tua'r rhesi mynyddoedd,
gan ofni'r peryglon sy'n llechu ynddynt.
Mae llwybr y pererin yn fy nhywys drwyddynt,
heibio i greigiau a cheunentydd, ymosodiadau a fulturod.
Mae gwyntoedd geirwon yn troelli o gwmpas y copaon,
mae'r eira'n bygwth disgyn ar draws y mariandiroedd
    dilwybr.
Ni ddyry'r bryniau eu hunain na dewrder na nerth imi,
a throf unwaith eto at fy Nuw.
Gydymaith ar fy nhaith, Amddiffynnydd wrth fy ochr,
Mentraf ar y daith mewn symlrwydd gan ymddiried
    fel plentyn.
Fe'm temtir i lithro yn ôl i'r llaid,
lawr i gyffur diddymdra,
ond clywaf fy Anwylyd yn fy nenu,
yn sibrwd trwy ddryswch fy stori.
Y Duw sydd yn fy nenu sydd yn fy annog ymlaen,
a chydsyniaf innau yn betrusgar.
Baglaf dros y llwybrau garw,
gan ryfeddu at y llaw sy'n gafael yn fy llaw i.
Gydymaith ar fy nhaith, Amddiffynnydd wrth fy ochr,
Mentraf ar y daith mewn symlrwydd gan ymddiried
    fel plentyn.
Ar draws ac ar led, yn ôl ac ymlaen,
ar droeon y daith,
dewrder sydd yn fy symud ymlaen,
ffydd sydd yn ymddiried yn y dyfodol;
doethineb a wna imi gymryd seibiant,
gorffwysaf gerllaw'r nant;

>

PSALM 121: THE PILGRIM PSALMS II

Rigour and Refreshment: Have I the courage to trust?

I LOOK towards the mountain ranges,
and fear their lurking terrors.
The pilgrim path takes me through them,
by rocks and ravines, ambush and vultures.
Stormy winds swirl round the summits,
avalanches threaten across trackless screes.
The hills themselves give no courage or strength,
and I turn once again to my God.
Companion on my journey, Protector at my side,
I venture on the way in simple, childlike trust.
Tempted to slide back into mud,
down to the drug of oblivion,
yet I hear the lure of my Lover,
whispering through my story's confusion.
The God who draws me is urging me on,
and I discover my faltering Yes.
I stumble along the rough pathways,
surprised by a hand that is grasping my own.
Companion on my journey, Protector at my side,
I venture on the way in simple, childlike trust.
To and fro, back and forth,
on the twists of the journey,
courage moves me onwards,
faith trusts in the future;
wisdom makes me pause,
I rest by the stream;
taking time to delve deep,
I listen for the Voice.
Companion on my journey, Protector at my side,
I venture on the way in simple, childlike trust.

>

gan gymryd amser i blymio'r dyfnder,
gwrandawaf am y Llais.

Gydymaith ar fy nhaith, Amddiffynnydd wrth fy ochr,
Mentraf ar y daith mewn symlrwydd gan ymddiried
  fel plentyn.

Estynnaf at y mynydd anhysbys,
at y copa lle mae Duw'n llefaru eilwaith,
ar y ffin rhwng daear a nef,
ar y terfyn rhwng amser a thragwyddoldeb,
lle'r datguddiad arbennig,
gyda charn yn nodi'r fan.
Wrth imi synfyfyrio ar ddirgelwch fy synfyfyrion.
Mae dirgelwch Duw yn torri ar fy nhraws.

Gydymaith ar fy nhaith, Amddiffynnydd wrth fy ochr,
Mentraf ar y daith mewn symlrwydd gan ymddiried
  fel plentyn.

Mae'r bryniau hwythau'n araf newid,
nid ydynt fyth mor sylweddol ag yr ymddangosant;
maent dan gochl, yn fygythiol, yn dywyll,
eu creigiau wedi eu chwalu gan rew,
wedi eu treulio gan chwip y stormydd,
nid oes ganddynt nerth ynddynt eu hunain i'm cynnal;
oddi wrth Dduw yn unig y daw fy nghymorth.

Gydymaith ar fy nhaith, Amddiffynnydd wrth fy ochr,
Mentraf ar y daith mewn symlrwydd gan ymddiried
  fel plentyn.

Gyda gwynt yr Ysbryd nertha fi,
gan symud sylwedd y ddaear,
gan symud craidd fy enaid,
eto cadw fi rhag pob niwed parhaol.
Cadw wyliadwriaeth, na huna, Geidwad dy bobl,
cysgoda fi rhag y gwres, iachäwr a thywysydd.
Maetha fywyd fy ngwir hunan,
o'r eiliad hon ac am byth.

I reach for the unknown mountain,
to the summit where God speaks anew,
on the boundary of earth and heaven,
the frontier of time and eternity,
the place of a special revealing,
marked by the stones of a cairn.
As I ponder the codes of my dreaming,
I am surprised by the mystery of God.
Companion on my journey, Protector at my side,
I venture on the way in simple, childlike trust.
The hills themselves slowly change,
never as firm as they seem;
shrouded, brooding, and dark,
their rocks splintered by frost,
worn away by the lashing of storms,
no strength in themselves to support me;
only from God comes my help.
Companion on my journey, Protector at my side,
I venture on the way in simple, childlike trust.
With the wind of the Spirit empower me,
stirring the substance of earth,
moving my innermost being,
yet keeping me from all lasting harm.
Keep watch, do not slumber, Guardian of your people,
shade from the heat, healer and guide.
Nourish the life of my truest self,
from this moment on and for ever.

Tawelwch

DYFNHAU fy ymddiriedaeth yn dy Bresenoldeb di, fy Nuw, **oherwydd yn aml rwyt ti'n ymddangos yn absennol ac yn guddiedig, ac yr wyf yn ofni'r hyn a ddaw ar y daith. Dyfnha fy ymddiriedaeth. Amen.**

Silence

DEEPEN my trust in your Presence, my God, **for you seem often absent and hidden, and I am afraid of what the way will bring. Deepen my trust. Amen.**

DARLLENIAD

Genesis 28.10–19a

Ymadawodd Jacob â Beerseba a theithio tua Haran. A daeth i ryw fan ac aros noson yno, gan fod yr haul wedi machlud. Cymerodd un o gerrig y lle a'i gosod dan ei ben, a gorwedd-odd i gysgu yn y fan honno. Breuddwydiodd ei fod yn gweld ysgol wedi ei gosod ar y ddaear, a'i phen yn cyrraedd i'r nefoedd, ac angylion Duw yn dringo a disgyn ar hyd-ddi. A safodd yr Arglwydd gerllaw iddo a dweud, "Myfi yw'r Arglwydd, Duw Abraham dy dad, a Duw Isaac; rhoddaf y tir yr wyt yn gorwedd arno i ti ac i'th ddisgynyddion; bydd dy hil fel llwch y ddaear, a byddi'n ymestyn i'r gorllewin a'r dwyrain ac i'r gogledd a'r de; a bendithir holl deuluoedd y ddaear ynot ti ac yn dy ddisgynyddion. Wele, yr wyf fi gyda thi, a chadwaf di ple bynnag yr ei, a dof â thi'n ôl i'r wlad hon; oherwydd ni'th adawaf nes imi wneud yr hyn a ddywedais." Pan deffrôdd Jacob o'i gwsg, dywedodd, "Y mae'n sicr fod yr Arglwydd yn y lle hwn, ac ni wyddwn i." A daeth arno ofn, ac meddai, "Mor ofnadwy yw'r lle hwn! Nid yw'n ddim amgen na thŷ i Dduw, a dyma borth y nefoedd." Cododd Jacob yn fore, a chymerodd y garreg a fu dan ei ben, a gosododd hi'n golofn, a thywallt olew drosti. Galwodd y lle, Bethel.

Tawelwch

READING

Genesis 28.10–19a

JACOB left Beersheba and went towards Haran. He came to a certain place and, because the sun had set, he stayed there for the night. Taking one of the stones of the place, he put it under his head and lay down in that place. And he dreamed that there was a ladder set up on the earth, the top of it reaching to heaven; and the angels of God were ascending and descending on it.

And the Mysterious One stood beside him and said: I am the Living One, the God of Abraham your father and the God of Isaac; the land on which you lie I will give to you and to your offspring; and your offspring shall be like the dust of the earth, and you shall spread abroad to the west and to the east and to the north and to the south; and all the families of the earth shall be blessed in you and in your offspring. Know that I am with you and will keep you wherever you go, and will bring you back to this land; for I will not leave you until I have done what I have promised you.

Then Jacob woke from his sleep and said, Surely the Living One is in this place – and I did not know it! And he was afraid, and said, How awesome is this place! This is none other than the house of God, and this is the gate of heaven! So Jacob rose early in the morning, and he took the stone that he had put under his head and set it up for a pillar and poured oil on top of it. He called the place 'Bethel', which means, 'House of God'.

Silence

CERDD

Pererindodau
gan R. S. Thomas

MAE yna ynys nad oes modd mynd iddi
ond mewn cwch bach fel yr aeth
y saint gynt, yn teithio heibio i oriel
wynebau ofnus y rhai
a foddwyd ers talwm, gan gnoi graean
ei thraethau. Felly yr es innau
i fyny'r lôn hallt i'r adeilad
gyda'r allor garreg lle mae'r canhwyllau
wedi diffodd, a phenlinio a chodi
fy llygaid at y cerflun milain
o ddylluan sydd fel duw
a aeth yn fach ac yn flin. Nid oes
corff yn ffenestr liw
yr awyr bellach. Ydw i'n rhy hwyr?
Oeddent hwy'n rhy hwyr hefyd,
y pererinion cyntaf hynny? Mae ef yn Dduw mor gyflym,
bob amser o'n blaen ni, ac yn
ymadael wrth inni gyrraedd.
　　　　　　　　　　　　Ceir yma'r rheini
nad ydynt yn ymroi i weddi, eu pader hwy
yw'r môr gwag a adroddant beunydd.
Yr hyn y gwrandawant hwy arno yw nid
emynau ond cemeg araf y pridd
sy'n troi esgyrn y saint yn llwch,
llwch sy'n cosi'r ffroenau.
Nid yw amser yn bod ar yr ynys hon.

>

POEM

Pilgrimages
by R. S. Thomas

THERE is an island there is no going
to but in a small boat the way
the saints went, travelling the gallery
of the frightened faces of
the long-drowned, munching the gravel
of its beaches. So I have gone
up the salt lane to the building
with the stone altar and the candles
gone out, and kneeled and lifted
my eyes to the furious gargoyle
of the owl that is like a god
gone small and resentful. There
is no body in the stained window
of the sky now. Am I too late?
Were they too late also, those
first pilgrims? He is such a fast
God, always before us and
leaving as we arrive.
There are those here
not given to prayer, whose office
is the blank sea that they say daily.
What they listen to is not
hymns but the slow chemistry of the soil
that turns saints' bones to dust,
dust to an irritant of the nostril.
There is no time on this island.

Nid oes gan bendil y llanw
gloc; nid oes gan y digwyddiadau
ddyddiad. Nid yw'r bobl hyn
yn hwyr nac yn gynnar; maent yma
dyna i gyd, gydag un cwestiwn
i'w ofyn, cwestiwn y mae bywyd yn ei ateb
trwy fod ynddynt hwy. Fi sydd
yn gofyn. Ai i wneud imi ddod ataf fy hun
yr oedd y bererindod hon, i ddysgu na fydd Duw,
mewn amserau fel y rhain ac i un fel fi,
fyth yn eglur ac allan yn y fan acw
eithr yn hytrach yn dywyll ac yn
anesboniadwy, fel pe bai ef i mewn yn y fan hon?

Tawelwch

The swinging pendulum of the tide
has no clock; the events
are dateless. These people are not
late or soon; they are just
here with only the one question
to ask, which life answers
by being in them. It is I
who ask. Was the pilgrimage
I made to come to my own
self, to learn that in times
like these and for one like me
God will never be plain and
out there, but dark rather and
inexplicable, as though he were in here?

Silence

EMYN

N'AD i'r gwyntoedd cryf, dychrynllyd,
   gwyntoedd oer y gogledd draw,
ddwyn i'm hysbryd gwan, trafferthus,
   ofnau am ryw ddrygau ddaw;
     tro'r awelon
   oera'u rhyw yn nefol hin.

Gwna i mi weld y byd a'i stormydd
   yn diflannu cyn bo hir;
doed i'r golwg dros y bryniau
   ran o'r nefol, hyfryd dir;
     im gael llonydd
   gan holl derfysgiadau'r llawr.

Disgwyl 'rwyf drwy hyd yr hirnos,
   disgwyl am y bore-ddydd;
disgwyl clywed pyrth yn agor,
   a chadwynau'n mynd yn rhydd;
     disgwyl golau
   pur yn nh'wyllwch tewa'r nos.

Daw, fe ddaw y wawr wen, olau
   y bo'r cwmwl du yn ffoi,
tarth a niwl yn cyd-ddiflannu
   a oedd wedi cydgrynhoi:
     dyma'r oriau
   'rwy'n eu gweled draw drwy ffydd.

HYMN

BUILD not a fortress of your faith
to keep all questions out,
but stumble lightly into grace –
go certain things without.
The road shall rise, to meet your step,
hewn from the rock of doubt.

New life prepares a path for those
who dare to risk new ground,
and draws them on to light of day
who dance where night is found.
So take the road less travelled by
and find you're homeward bound.

And on the way, let's celebrate
with things both plain and fine;
come break and eat the shining bread,
and bless the earthy wine.
See such a simple feast become
a bold and daring sign:

A sign of how the world might share
the whole of earth's rich store;
of justice for the weary ones,
and peace to end all war;
of jubilee throughout each land,
and plenty for the poor.

In time we'll learn to look at things
and see what else they are:
the dust from which our bones are made
comes from some distant star.
God's hidden names for us reveal
a journey deeper far.

GWEDDÏAU

Molwn di, Dduw dirgelwch a datguddiad, am dy saint, [enwau], a laniodd gyntaf ar y traethau hyn, ar ôl teithio mewn ffydd dros y Môr Celtaidd, ac a ddatguddiodd yn dy bobl yn y fan hon ffyrdd hanner cuddiedig dy gariad o'u mewn, gan sefydlu'r lleoedd gweddi, lle mae dy Ysbryd yn anwesu awel yr haf ac yn taranu trwy stormydd y gaeaf.

Dduw byw, cyffwrdd â ni eto, bererinion fel ag yr ydym, cryfha ni ar ein taith, a dwg ni gyda'th holl saint i wynebu'r rhai sy'n disgleirio mewn gogoniant, yn Iesu Grist, sydd ei hun yn arloeswr ac yn ffordd fywiol. **Amen.**

Abba:
aruthrol dy gyfodiad,
rhyfeddol dy ddyfodiad,
bendigedig dy weithrediad.
Dyro imi fy mwyd,
maddeua fy mhechodau,
rhyddha fi o'r maglau.
Eiddot ti yw'r heuliau,
eiddot ti yw'r goleuadau,
eiddot ti yw'r frenhiniaeth oll.
Amen.

Fel y mae'r ddaear yn dal i droi,
gan ruthro drwy'r gofod,
gyda'r nos yn disgyn a'r dydd yn gwawrio
o'r naill wlad i'r llall,
gadewch inni gofio am wŷr, gwragedd a phlant,
sy'n deffro, yn cysgu,
yn cael eu geni, ac yn marw,
un byd, un ddynoliaeth.
Awn oddi yma mewn tangnefedd.

PRAYERS

WE give you praise, God of mystery and revelation, for your saints, NN, who first touched these shores, travelling in faith across the surrounding seas, unveiling in your people here the ways of your love half hidden within them, planting the places of prayer, where your Spirit caresses in the summer breeze and thunders through the winter storms.

Living God, touch us again, pilgrim people that we are, strengthen us on our journey, and bring us with all your saints to the faces that shine in glory, in Jesus Christ, himself the pioneer and the living way. **Amen.**

ABBA:
awesome your rising,
wondrous your coming,
blessed your working.
My food supply,
my sins forgive,
from traps release.
Yours the suns,
yours the lights,
yours all sovereignty.
Amen.

As the earth keeps turning,
speeding through space,
and night falls and day breaks
from land to land,
let us remember children, women, and men,
waking, sleeping,
being born, and dying,
one world, one humanity.
Let us go from here in peace.

DYDD LLUN

MONDAY

SALM A GWEDDI AGORIADOL

Tawelwch

Ceir cipolwg ar y diwedd yng nghanol y daith:
mae'r cyflawniad y tu hwnt i'n dychymyg.
Ceir cipolwg ar y diwedd yng nghanol y daith:
mae'r cyflawniad y tu hwnt i'n dychymyg.
Bendigedig yw'r rhai y mae eu nerth ynot ti,
y mae dy ffyrdd yn eu calon,
y rhai sydd wrth ymlwybro trwy wastadedd diflastod
yn dod o hyd i ffynnon annisgwyl,
sy'n tarddu o ddyfnder y tir diffaith,
ac yn llenwi'r pyllau â dŵr.
Maent hwy yn troi'n ffynhonnau iachâd i eraill,
yn gronfeydd o dosturi i'r rhai archolledig.
Wedi cael eu hatgyfnerthu eu hunain maent hwy yn rhoi
    dewrder i eraill,
a bydd Duw yno ar derfyn eu taith.
Ceir cipolwg ar y diwedd yng nghanol y daith:
mae'r cyflawniad y tu hwnt i'n dychymyg.

O Dduw pererinion yr anialwch, **syfrdana ni, ni sy'n**
lluddedig ar ôl dyddiau undonog o haul neu gwmwl,
sy'n dwyn olion ymosodiad gwyntoedd troellog
anferthol, syfrdana ni eto ag afrlladfa o ryfeddod,
datguddiad o gariad, hafan o adfywiad, blas o'r
cynhaeaf, eiliad o ras. Amen.

OPENING PSALM AND PRAYER

Silence

THE end is known in the midst of the journey:
the fulfilment is beyond our imagining.
The end is known in the midst of the journey:
the fulfilment is beyond our imagining.
Blessed are those whose strength is in you,
in whose heart are your ways,
who trudging through the plains of misery
find in them an unexpected spring,
a well from deep below the barren ground,
and the pools are filled with water.
They become springs of healing for others,
reservoirs of compassion for those who are bruised.
Strengthened themselves they give courage to others,
and God will be there at the end of their journey.
The end is known in the midst of the journey:
the fulfilment is beyond our imagining.

O GOD of the desert pilgrims, **we who are wearied by**
monotonous days of sun or cloud, who are battered
by the monstrous whirling winds, surprise us yet
with a monstrance of wonder, a revelation of love, an
oasis of refreshment, a taste of the harvest, a
moment of grace. Amen.

SALM 122: SALMAU'R PERERIN III

Cyfyng-gyngor a Thangnefedd: Beth ddaw o'r ddinas?

ROEDDWN yn falch pan fentrodd fy nghymdeithion ffydd
ddod gyda mi i dŷ ein Duw.
Yn flinedig ac yn lluddedig, eto fe saif ein traed
oddi mewn i byrth Dinas Hedd,
Jerwsalem, penllanw ein dyhead,
lle yr ymgasgla'r pererinion mewn undod.
Dyrchefwch eich llygaid a gwelwch:
Ddinas ein holl freuddwydion.
Gan gael ein tynnu'n nes ac yn nes at y ddinas,
at le'r weddi a'r presenoldeb,
at ffydd wedi'i hadfywio a gobaith wedi'i hadfer,
at iachâd a thangnefedd yr addewid,
dringwn ni dy bobl at y pyrth,
at orseddfainc dy farn a'th drugaredd.
Dyrchefwch eich llygaid a gwelwch:
Ddinas ein holl freuddwydion.
Gweddïwn am heddwch Jerwsalem.
Bydded llwyddiant i'r rhai sy'n dy garu.
Bydded heddwch o fewn dy furiau,
ffyniant yn dy holl dai.
Er mwyn fy mrodyr a'm cyfeillion, gweddïaf o waelod calon
    am dy heddwch.
Er mwyn tŷ ein Duw,
ceisiaf wneud popeth y medraf er dy les.
Dyrchefwch eich llygaid a gwelwch:
Ddinas ein holl freuddwydion.

Tawelwch

PSALM 122: THE PILGRIM PSALMS III

Perplexity and Peace: What will become of the city?

I was glad when my companions of faith
ventured with me to the house of our God.
Weary and tired, yet our feet will stand
within the gates of the City of Peace,
Jerusalem the goal of our longing,
where the pilgrims gather in unity.
Lift up your eyes and see:
the City of all our dreams.
Drawn ever closer to the city,
to the place of prayer and of presence,
to faith renewed and hope restored,
to the healing and peace of the promise,
we your people climb to the gates,
to the seat of your judgement and mercy.
Lift up your eyes and see:
the City of all our dreams.
We pray for the peace of Jerusalem.
May those who love you prosper.
Peace be within your walls,
prosperity in all your households.
For the sake of my kindred and friends,
I will pray from my heart for your peace.
For the sake of the house of our God,
I will do all that I can for your good.
Lift up your eyes and see:
the City of all our dreams.

Silence

BENDITHIA bobl Jerwsalem, **pob un sy'n edrych ar Abraham fel ei hynafiad yn y ffydd.** Cymer egni ein gweddïau a'n gweithredoedd, a thrawsffurfia'r lle a'r bobl yn ddinas pererindod a hedd i'r byd cyfan, Tywys ni yno, fel y gallwn brofi a gweld dy gariad graslon a haelionus. Amen

BLESS the people of Jerusalem, **all who look to Abraham as their ancestor in faith. Take the energy of our prayers and deeds, and transform both place and people into a city of pilgrimage and peace for the whole world. Bring us there, that we may taste and see your gracious and generous love. Amen.**

SALM 123: SALM Y PERERIN IV

Distryw a Hyfrydwch: A wnaf fi oroesi'r llygad treiddgar?

EDRYCHIAD ffroenuchel y nerthol,
edrychiad dirmygus y cyfoethog,
edrychiad miniog y deallus,
ciledrychiad gwawdlyd y llwfr:
Ni adawn i lygaid gormes ein caethiwo:
edrychwn gyda llygaid ein Duw.
Wedi'n llethu gan lygaid sy'n ein caethiwo,
wedi'n darostwng gan lygaid sy'n ein dirmygu,
wedi'n gorthrymu gan lygaid sy'n ein herlid,
wedi'n dal gan lygaid nad ydynt fyth yn tosturio:
Ni adawn i lygaid gormes ein caethiwo:
edrychwn gyda llygaid ein Duw.
Llygaid camerâu yn ein dilyn,
cysgod ysbiwyr yn y tywyllwch,
y sgrîn yn arddangos y data,
y lloeren anweledig ddistaw:
Ni adawn i lygaid gormes ein caethiwo:
edrychwn gyda llygaid ein Duw.
Llygaid ffyrnig, sy'n ysu am gyfiawnder,
llygaid tosturiol, sy'n cynhesu'r tlawd,
llygaid cwrtais, astud, disgwylgar,
llygaid sefydlog, tawel a dewr:
Ni adawn i lygaid gormes ein caethiwo:
edrychwn gyda llygaid ein Duw.
Edrychiad parchus, llonydd,
edrychiad parod, sy'n fodlon ufuddhau,
edrychiad gobeithiol, sy'n disgwyl daioni,
edrychiad llawn ymddiriedaeth, fel edrychiad cyfeillion.

PSALM 123: PILGRIM PSALM IV

Devastation and Delight: Will I survive the piercing eye?

THE haughty look of the powerful,
the contemptuous stare of the wealthy,
the cutting glance of the clever,
the mocking glint of the cowardly:
We will not be trapped by the eyes of oppression:
we will see with the eyes of our God.
Burdened by eyes that enslave us,
cast down by eyes of derision,
oppressed by eyes that pursue us,
held fast by eyes that never relent:
We will not be trapped by the eyes of oppression:
we will see with the eyes of our God.
The eyes of cameras following us,
the shadow of spies in the dark,
the screen displaying the data,
the silent satellite unseen:
We will not be trapped by the eyes of oppression:
we will see with the eyes of our God.
Fiery eyes, angry for justice,
compassionate eyes, warming the poor,
courteous eyes, attentive and waiting,
steady eyes, calm and courageous:
We will not be trapped by the eyes of oppression:
we will see with the eyes of our God.
A reverent look, awed and still,
a ready glance, willing to obey,
a look of hope, expectant of good,
a look of trust, as between friends.

Tawelwch

LLANW ni ag Ysbryd Cariad, **tydi Dduw sy'n gweld popeth ac yn tosturio wrth bopeth, fel y gallwn ninnau edrych gyda llygaid dychrynllyd a charedig ar y rhai sy'n ein gorthrymu ni, a'u cywilyddio i newid eu calonnau a'u gweithredoedd. Amen**

Silence

FILL us with the Spirit of Love, **all-seeing and all-compassionate God, that we may look with terrible and kindly eyes on those who oppress us, and shame them to a change of heart and deed. Amen.**

DARLLENIAD

Genesis 32.22–33; 33.1–4

YN ystod y noson honno cododd Jacob a chymryd ei ddwy wraig, ei ddwy forwyn a'i un mab ar ddeg, a chroesi rhyd Jabboc. Wedi iddo'u cymryd a'u hanfon dros yr afon, anfonodd ei eiddo drosodd hefyd. Gadawyd Jacob ei hunan, ac ymgodymodd gŵr ag ef hyd doriad y wawr. Pan welodd y gŵr nad oedd yn cael y trechaf arno, trawodd wasg ei glun, a datgysylltwyd clun Jacob wrth iddo ymgodymu ag ef. Yna dywedodd y gŵr, "Gollwng fi, oherwydd y mae'n gwawrio." Ond atebodd yntau, "Ni'th ollyngaf heb iti fy mendithio." "Beth yw d'enw?" meddai ef. Yna dywedodd, "Ni'th elwir Jacob mwyach, ond Israel, oherwydd yr wyt wedi ymdrechu â Duw a dynion, ac wedi gorchfygu." A gofynnodd Jacob iddo, "Dywed imi dy enw." Ond dywedodd yntau, "Pam yr wyt yn gofyn fy enw?" A bendithiodd ef yno. Felly enwodd Jacob y lle Penuel, a dweud, "Gwelais Dduw wyneb yn wyneb, ond arbedwyd fy mywyd." Cododd yr haul arno fel yr oedd yn mynd heibio i Penuel, ac yr oedd yn gloff o'i glun.

Cododd Jacob ei olwg ac edrych, a dyna lle'r oedd Esau yn dod, a phedwar cant o ddynion gydag ef. Rhannodd Jacob y plant rhwng Lea a Rachel a'r ddwy forwyn, a gosododd y morynion a'u plant ar y blaen, yna Lea a'i phlant y tu ôl iddynt, a Rachel a Joseff yn olaf. Cerddodd yntau o'u blaen ac ymgrymu i'r llawr seithwaith wrth nesáu at ei frawd. Ond, rhedodd Esau i'w gyfarfod, a'i gofleidio a rhoi ei freichiau am ei wddf a'i gusanu, ac wylodd y ddau.

Tawelwch

READING

Genesis 32.22–33; 33.1–4

THAT same night Jacob got up and took his family and crossed the River Jabbok by a ford. He sent them across the stream, together with everything that he had. Jacob was left alone: and a stranger wrestled with him until the break of day.

When the stranger saw that he did not prevail against Jacob, he struck him on the socket of his hip; and Jacob's hip was put out of joint as he wrestled with him.

Then he said, Let me go, for the day is breaking. But Jacob said, I will not let you go, unless you bless me. So he said to him, What is your name? And he said, Jacob. Then the stranger said, You will no longer be called Jacob – Deceiver, Cheat, Heel-Clutcher – but Israel – the one who strives with God, for you have indeed striven with God, with the divine and with the human, and you have prevailed. Then Jacob asked him, What is your name? But he said, Why is it that you ask my name? And there he blessed him.

So Jacob called the place Peniel, which means, The face of God, saying, I have seen God face to face, and yet my life is preserved. The sun rose upon him as he passed Peniel, limping because of his hip.

Now Jacob looked up and saw his brother Esau coming towards him, and four hundred men with him. He went on ahead of his family, bowing himself to the ground seven times, until he came near his brother. But Esau ran to meet him, and embraced him, and fell on his neck and kissed him, and they wept.

Silence

CERDD

Wedi'r Canrifoedd Mudan
gan Waldo Williams

WEDI'R canrifoedd mudan, clymaf eu clod,
Un yw craidd cred a gwych adnabod
Eneidiau yn un â'r rhuddin yng ngwreiddyn Bod.

Maent yn un â'r goleuni. Maent uwch fy mhen
Lle'r ymgasgl, trwy'r ehangder, hedd. Pan noso'r wybren
Mae pob un yn rhwyll i'm llygaid yn y llen.

John Roberts, Trawsfynydd. Offeiriad oedd ef i'r tlawd,
Yn y pla trwm yn rhannu bara'r unrhawd,
Gan wybod dyfod gallu'r gwyll i ddryllio'i gnawd.

John Owen y Saer, a guddiodd lawer gwas,
Diflin ei law dros yr hen gymdeithas,
Rhag datod y pleth, rhag tynnu distiau'r plas.

Rhisiart Gwyn. Gwenodd am y peth yn eu hwyneb hwy:
'Mae gennyf chwe cheiniog tuag at eich dirwy',
Yn achos ei Feistr ni phrisiodd ef ei hoedl yn fwy.

Y rhedegwyr ysgafn, na allwn eu cyfrif oll,
Yn ymgasglu'n fintai uwchlaw difancoll,
Diau nad oes a chwâl y rhai a dalodd yr un doll.

Y talu tawel, terfynol. Rhoi byd am fyd,
Rhoi'r artaith eithaf am arweiniad yr Ysbryd,
Rhoi blodeuyn am wreiddyn a rhoi gronyn i'w grud.

>

POEM

After the Silent Centuries
by Waldo Williams

I KNOT their praises, for long centuries mute.
The core of all faith is one, it is splendid to meet
With souls one with the quick at Being's root.

Over my head they are, they are one with the light
Where through the expanse peace gathers. When night
Veils the sky, each is a shining gap to my sight.

John Roberts of Trawsfynydd, priest to the needy,
In the dread plague shared out the bread of the journey,
Knowing the powers of darkness had come, and would
    break his body.

John Owen, the joiner, that many a servant concealed.
For the old communion his hand an unwearying shield,
Lest the plait be unravelled, and the beams of the great
    house yield.

Richard Gwyn smiled in their face at what they were at:
"I have sixpence towards your fine" – for he'd not
In the cause of his Master, price his life more than that.

They that ran light, I cannot reckon them all,
A company gathered together beyond the pits of hell:
Surely nothing can scatter them who paid the selfsame toil.

The last, quiet payment. World for world giving them,
For the Spirit to guide them giving that ultimate pain,
Giving a flower for his roots, for his cradle a grain.

Y diberfeddu wedi'r glwyd artaith, a chyn
Yr ochenaid lle rhodded ysgol i'w henaid esgyn
I helaeth drannoeth Golgotha eu Harglwydd gwyn.

Mawr ac ardderchog fyddai y rhain yn eich chwedl,
Gymry, pe baech chwi'n genedl.

Tawelwch

Torture did rack them, disembowelling rend,
Ere the sight where a ladder was given their souls to ascend
To the broad next morning of Golgotha, their blest Lord's
    world without end.

Welshmen, were you a nation, great would be the glory
These would have in your story.

Silence

EMYN

Bugail f'enaid yw'r Goruchaf,
ni bydd mwyach eisiau arnaf;
ef a'm harwain yn ddiogel
i'r porfeydd a'r dyfroedd tawel.

Dychwel f'enaid o'i grwydriadau,
ac fe'm harwain hyd ei lwybrau;
ar fy nhaith, efe a'm ceidw
yn ei ffyrdd, er mwyn ei enw.

Yn ei law drwy'r glyn y glynaf;
cysgod angau mwy nid ofnaf;
pery'r Bugail fyth yn ffyddlon
gyda mi ymhob treialon.

Ger fy mron yng ngŵydd gelynion
hulia ford a phob danteithion;
ac i'm cynnal rhydd o'i wirfodd
ffiol lawn yn llifo drosodd.

Ei ddaioni a'i drugaredd
a'm canlynant hyd y diwedd;
yn ei dŷ, er pob rhyw dywydd,
y preswyliaf yn dragywydd.

HYMN

MOUNTAIN Shepherd, wise and craggy,
guide us through this dappled land:
when we stumble, limp and weary,
lift us with your gentle hand.
Wand'ring Minstrel, Bardic Poet,
craft the words that set us free,
new wrought tales that help us see.

Healing Woman, touch us deeply,
ease the grip of loss and pain.
Living Fountain, well within us,
wash us clean from guilt and shame.
Lodging Keeper, Leaven Provider,
bake us now our daily bread,
feed us for the path ahead.

Pioneer through chilling river,
drowning all the ancient wrong:
death-defying, loose the tangles
that too long have sucked us down.
So we enter, land of promise,
city of harmonious throng,
God's domain where all belong.

GWEDDÏAU

MOLWN di, Dduw dirgelwch a datguddiad, am dy saint, [ENWAU], a laniodd gyntaf ar y traethau hyn, ar ôl teithio mewn ffydd dros y Môr Celtaidd, ac a ddatguddiodd yn dy bobl yn y fan hon ffyrdd hanner cuddiedig dy gariad o'u mewn, gan sefydlu'r lleoedd gweddi, lle mae dy Ysbryd yn anwesu awel yr haf ac yn taranu trwy stormydd y gaeaf.

Dduw byw, cyffwrdd â ni eto, bererinion fel ag yr ydym, cryfha ni ar ein taith, a dwg ni gyda'th holl saint i wynebu'r rhai sy'n disgleirio mewn gogoniant, yn Iesu Grist, sydd ei hun yn arloeswr ac yn ffordd fywiol. **Amen.**

ABBA,
dychrynllyd, rhydd, cyfeillgar, pell: triga gyda ni.

**Abba,
dy fwriad, dy ddymuniad, dy ddyhead:
planna ynom ni.**

**Abba,
suran a saets, grawn a grawnwin:
dyro i ni.**

**Abba,
twyll, pechod a chyfrwystra cynnil:
anfon oddi wrthym ni.**

**Abba,
na chadw gyfrif o weithredoedd y rhai sy'n ein
cam-drin ni.**

**Abba,
rhag treialon, maglau, rhwydi a herian:
rhyddha ni.**

>

PRAYERS

WE give you praise, God of mystery and revelation, for your saints, NN, who first touched these shores, travelling in faith across the surrounding seas, unveiling in your people here the ways of your love half hidden within them, planting the places of prayer, where your Spirit caresses in the summer breeze and thunders through the winter storms.

Living God, touch us again, pilgrim people that we are, strengthen us on our journey, and bring us with all your saints to the faces that shine in glory, in Jesus Christ, himself the pioneer and the living way. **Amen.**

ABBA,
awesome, free, friendly, far: dwell near us.

Abba,
your intent, wish, and desire: set in us.

Abba,
sorrel, sage, grain, and grape: give to us.

Abba,
trickery, sin, and subtle slyness: dismiss from us.

Abba,
take no account of those who wrong us.

Abba,
from trials, traps, snares. and dares, free us.

Abba,
resplendent, delectable, stunning, simple:
be with us.

Amen.

Abba,
ysblennydd, dymunol, gwych, syml:
bydd gyda ni.

Amen.

BENDITH Duw Sara ac Abraham,
Bendith y Mab a aned o Fair,
Bendith yr Ysbryd Glân,
sy'n hofran drosom
fel mam dros ei phlant,
a fyddo gyda ni oll.
Amen.

THE blessing of the God of Sarah and Abraham,
The blessing of the Son born of Mary,
The blessing of the Holy Spirit,
who broods over us
as a mother over her children,
be with us all.
Amen.

DYDD MAWRTH

TUESDAY

SALM A GWEDDI AGORIADOL

Tawelwch

CEIR cipolwg ar y diwedd yng nghanol y daith:
mae'r cyflawniad y tu hwnt i'n dychymyg.
Ceir cipolwg ar y diwedd yng nghanol y daith:
mae'r cyflawniad y tu hwnt i'n dychymyg.
Bendigedig yw'r rhai y mae eu nerth ynot ti,
y mae dy ffyrdd yn eu calon,
y rhai sydd wrth ymlwybro trwy wastadedd diflastod
yn dod o hyd i ffynnon annisgwyl,
sy'n tarddu o ddyfnder y tir diffaith,
ac yn llenwi'r pyllau â dŵr.
Maent hwy yn troi'n ffynhonnau iachâd i eraill,
yn gronfeydd o dosturi i'r rhai archolledig.
Wedi cael eu hatgyfnerthu eu hunain maent hwy yn rhoi
    dewrder i eraill,
a bydd Duw yno ar derfyn eu taith.
Ceir cipolwg ar y diwedd yng nghanol y daith:
mae'r cyflawniad y tu hwnt i'n dychymyg.

O DDUW pererinion yr anialwch, **syfrdana ni, ni sy'n**
lluddedig ar ôl dyddiau undonog o haul neu gwmwl,
sy'n dwyn olion ymosodiad gwyntoedd troellog
anferthol, syfrdana ni eto ag afrlladfa o ryfeddod,
datguddiad o gariad, hafan o adfywiad, blas o'r
cynhaeaf, eiliad o ras. Amen.

OPENING PSALM AND PRAYER

Silence

THE end is known in the midst of the journey:
the fulfilment is beyond our imagining.
The end is known in the midst of the journey:
the fulfilment is beyond our imagining.
Blessed are those whose strength is in you,
in whose heart are your ways,
who trudging through the plains of misery
find in them an unexpected spring,
a well from deep below the barren ground,
and the pools are filled with water.
They become springs of healing for others,
reservoirs of compassion for those who are bruised.
Strengthened themselves they give courage to others,
and God will be there at the end of their journey.
The end is known in the midst of the journey:
the fulfilment is beyond our imagining.

O GOD of the desert pilgrims, **we who are wearied by**
monotonous days of sun or cloud, who are battered
by the monstrous whirling winds, surprise us yet
with a monstrance of wonder, a revelation of love, an
oasis of refreshment, a taste of the harvest, a
moment of grace. Amen.

SALM 124: SALM Y PERERIN V

Dinistr ac Achubiaeth: A wnawn ni oresgyn y storm?

ONI bai dy fod ti o'n plaid
pan gododd y pwerau distrywgar i'n herbyn a chau ein
    llwybr,
oni bai dy fod ti o'n plaid
byddent wedi'n llyncu'n fyw.
Taniwyd eu dicter tuag atom,
fel tân yn rhuthro trwy'r goedwig.
Rhuthrodd eu dicter arnom,
fel llifeiriant llif mawr,
fel dyfroedd dinistr sydd yn anwybyddu terfynau,
tresmaswyr sydd yn anodd maddau iddynt.
Moliant fo i'r Duw sydd o'n plaid ni,
ac o blaid pob peth a greir.

Diolch a fo i ti, ein rhyddhäwr,
Ni roddaist ni'n ysglyfaeth i'w dannedd.
Rydym wedi dianc fel aderyn o fagl yr adarwr:
torrodd y ffrâm ac rydym wedi ehedeg yn rhydd.
Yn llawenydd y waredigaeth molwn di, O Dduw.
Mae ein calonnau'n ymledu mewn haelioni newydd:
ymgorfforwn y cariad a ddefnyddi di i greu.
Nid wyt ti yn dinistrio hyd yn oed y grymusterau:
yr wyt yn gwneud iawn am holl fethiannau ein byw ni,
yr wyt yn gryf i ddwyn daioni o ddrygioni.
Moliant fo i'r Duw sydd o'n plaid ni,
ac o blaid pob peth a greir.

Tawelwch

PSALM 124: THE PILGRIM PSALMS V

Destruction and Deliverance: Will we weather the storm?

IF you had not been on our side
when destructive powers rose up and barred our path,
if you had not been committed to our good,
they would have swallowed us alive.
Their anger was kindled against us,
like the sweep of the forest fire.
Their fury bore down upon us,
like the raging torrent in flood,
the waters of chaos that know no limits,
trespassers that are hard to forgive.
Praise to the God who is for us,
and for all that is being created.
Thanks be to you, our deliverer,
you have not given us as prey to their teeth.
We escaped like a bird from the fowler's snare:
the frame snapped and we have flown free.
In the joy of deliverance we praise you, O God.
Our hearts expand in a new generosity:
we embody the love with which you create.
Even the powers you do not destroy:
you redeem all our failures to live,
you are strong to bring good out of evil.
Praise to the God who is for us,
and for all that is being created.

Silence

Yng nghanol peryglon ffordd y pererin **yr wyt ti, Dduw ein Cydymaith, gyda ni. Cryfha ni i wynebu peryglon grym yr heliwr a'r storm sy'n chwennych ein goresgyn, a dangos i ni eto bod dy gariad creadigol di yn gryfach nag unrhyw beth yn y bydysawd. Amen.**

IN the dangers and risks of the pilgrim way **you are with us, our Companion God. Strengthen us to face the perils of the powers of storm and hunter that would overwhelm us, and show us again that your creative love is stronger than anything else in the universe. Amen.**

SALM 125: SALM Y PERERIN VI

Brad a Didwylledd: A ydym ni'n ddibynadwy?

BYDD y rhai sy'n ymddiried ynot ti, O Dduw,
fel pe baent ar Fynydd Seion ei hun,
wedi eu gwreiddio yn nyfnder y ddaear,
ni ellir eu symud, maent yn parhau am byth.
**Ymddiriedwn yn y cariad nad yw byth yn darfod,
y Duw sy'n ddiysgog.**
Mae'r mynyddoedd yn amgylchynu ac yn amddiffyn
    Jerwsalem,
dinas y rhagfuriau a'r muriau cadarn.
Felly saif ein Duw ni o amgylch y bobl,
bob eiliad, yn awr ac am byth.
**Ymddiriedwn yn y cariad nad yw byth yn darfod,
y Duw sy'n ddiysgog.**
Felly safwn ninnau'n gadarn,
heb roi ffordd i deyrnwialen drygioni,
gan sefydlu cyfiawnder yn y tir,
rhag i hyd yn oed y cyfiawn gael eu temtio i wneud drwg.
**Ymddiriedwn yn y cariad nad yw byth yn darfod,
y Duw sy'n ddiysgog.**
Eto mae ein twyll cuddiedig yn pydru'r seiliau,
a orchuddir gan adeiladau o ddaioni a dewrder.
Yr ydym yn wir yn wenith ac yn efrau a nithir
ym mrawdle barn a'r trugaredd.
**Ymddiriedwn yn y cariad nad yw byth yn darfod,
y Duw sy'n ddiysgog.**

Tawelwch

PSALM 125: THE PILGRIM PSALMS VI

Treachery and Trustworthiness: Are we dependable?

THOSE who put their trust in you, O God,
shall be as if they were Mount Zion itself,
rooted in the depths of the earth,
never to be shaken, enduring for ever.
We trust the Love that never fails,
the God who stands secure.
The mountains stand protecting Jerusalem,
city of ramparts and walls that are solid.
So stands our God around the people,
moment by moment, now and for ever.
We trust the Love that never fails,
the God who stands secure.
So may we be constant and true,
giving no sway to the sceptre of wickedness,
establishing the rule of justice in the land,
lest even the righteous be tempted to evil.
We trust the Love that never fails,
the God who stands secure.
Yet our hidden deceits sap the foundations,
masked by buildings of goodness and courage.
We are wheat and tares indeed for the sifting,
at the place of judgement and mercy.
We trust the Love that never fails,
the God who stands secure.

Silence

O Dduw'r Gwirionedd, **dyro inni ysbryd ymwrthod â chyfrwystra drygioni, sy'n sleifio atom wrth i ni ymgryfhau ar y daith. Bydded i ni fod yn bererinion didwyll, cadarn, dibynadwy, a phur o galon, wedi'n gwreiddio yn unig yn dy Gariad di. Amen.**

O GOD of Truth, **give us the spirit of resistance to the subtleties of evil, insinuating themselves as we grow stronger on the journey. May we be honest pilgrims, steadfast, trustworthy, and true of heart, rooted only in your Love. Amen.**

SALM 126: SALM Y PERERIN VII

Alltudiaeth a Gorfoledd: A wnawn ni gyrraedd adref?

PAN fydd Duw yn ein tywys adref o'n halltudiaeth,
byddwn yn deffro o'r hunllef hwn ac yn byw drachefn.
Dryllir y barrau heyrn: rhodiwn yn rhydd
o'r gulag a'r geto, o'r twr ac o'r carchar.
Gartref o'r diwedd,
yn fodlon ac yn ddiolchgar.
Byddwn yn canu ac yn chwerthin yn llawen,
i gyfeiliant cân yr adar ac awel y gwanwyn.
Bydd y tir ei hun yn ymhyfrydu yn Nuw,
y ddaear gyfan yn diolch am y rhyfeddodau a welsom.
Gartref o'r diwedd,
yn fodlon ac yn ddiolchgar.
Arwain ni adref, adnewydda'n gobaith, dyro inni fywyd
   newydd,
fel afonydd annisgwyl yn yr anialwch diffaith melltigedig.
Awn ar ein ffordd mewn tristwch, ein dagrau'n hau hadau
   a fydd yn marw,
dychwelwn mewn llawenydd, gan gario ein hysgubau.
Gartref o'r diwedd,
yn fodlon ac yn ddiolchgar.

Tawelwch

PSALM 126: THE PILGRIM PSALMS VII

Exile and Exultation: Will we come home?

WHEN God takes us home from our exile,
we shall wake from this nightmare and live again.
Iron bars will be shattered: we shall walk free
from gulag and ghetto, from dungeon and tower.
Home at last,
contented and grateful.
We shall sing and laugh for joy,
echoed by birdsong and breeze of the spring.
The land itself will rejoice in God,
the whole world give praise for the wonders we have seen.
Home at last,
contented and grateful.
Lead us home, renew our hope, bring us to life,
like impossible rivers in the cursed and barren desert.
We go on our way sadly, with tears sowing seeds that will die,
we shall return with joy, with gladness bearing our sheaves.
Home at last,
contented and grateful.

Silence

ADFER, O Dduw, **y blynyddoedd a gollasom, y blynyddoedd a fwytaodd y locustiaid. Dyro inni'r dyfodol nad oeddem yn meddwl y buasem fyth yn ei weld. Gwna o'r foment bresennol flaenffrwyth gwir ryddhad. Hyd yn oed pan deimlwn yn alltud, wedi cael ein cloi i mewn, mewn anobaith, symud yn ein plith yn ddirgel, a heb inni sylweddoli dy fod ti yno cadw ni i symud ar ein taith i'th ddinas di. Amen.**

RESTORE the years, O God, **that we have lost, that the locusts have eaten. Give to us the future that we thought we should never see. Make of the present moment a firstfruit of true liberation. Even when we feel exiled, locked in, despairing, move secretly within us and among us, and without our realizing it keep us moving on our journey to your city. Amen.**

DARLLENIAD

Eseia 43.1, 2, 3a, 4a, 19–21

YN awr, dyma'r hyn a ddywed yr Arglwydd a'th greodd, Jacob, ac a'th luniodd Israel: "Paid ag ofni, oherwydd gwaredaf di; galwaf ar dy enw; eiddof fi ydwyt. Pan fyddi'n mynd trwy'r dyfroedd, byddaf gyda thi; a thrwy'r afonydd, ni ruthrant drosot. Pan fyddi'n rhodio drwy'r tân, ni'th ddeifir, a thrwy'r fflamau, ni losgant di.

"Oherwydd myfi, yr Arglwydd dy Dduw, Sanct Israel, yw dy waredydd…Am dy fod yn werthfawr yn fy ngolwg, yn ogoneddus, a minnau'n dy garu…

"Edrychwch, 'rwyf yn gwneud peth newydd; y mae'n tarddu yn awr; oni allwch ei adnabod? Yn wir, 'rwy'n gwneud ffordd yn yr anialwch, ac afonydd yn y diffeithwch …er mwyn rhoi dŵr i'm pobl, f'etholedig, sef y bobl a luniais i mi fy hun, iddynt fynegi fy nghlod."

Tawelwch

READING

Isaiah 43.1, 2, 3a, 4a, 19–21

THUS says the Living One, who created you, O Jacob, who formed you, O Israel. Do not be afraid, for I have redeemed you: I have called you by name, and you are mine. When you pass through the waters, I shall be with you, and through the rivers, they will not overwhelm you. When you walk through fire, you will not be burned, and the flame will not consume you.

For I am the Living One, your God, the Holy One of Israel, your Saviour…You are precious in my sight, and honoured, and I love you…

I am about to do a new thing; now it springs forth, do you not perceive it? I shall make a way in the wilderness and rivers in the desert, to give drink to my chosen people, the people whom I formed for myself so that they might declare my praise.

Silence

CERDD

O Hunllef Arthur
gan Bobi Jones

Nɪ thau y bryniau, canys prynodd Ef
Y greadigaeth yn yr awel. Myn
Y masarn ran yn yr addoliad: wele
Ymuna'r ynn â ni. Nid unig dynion,
Yn ddidol greaduriaid: daw y gro
O'r afon i barablu gyda mi
Golectau. A phan awn ar sgawt drwy'r cae
Fe wyddwn estyn swae o wyddfid gwdyn
I ysgwyd allan fri fy Nuw yn sawr
O fawl o'm cwmpas iddo nes i bwt
O weledigaeth o'r ddi-weld ddi-gwymp
Ddaear a'r nefoedd newydd gampio drwy
Grwybr y plygain, ernes o'r tir a fu,
A fydd.

Tawelwch

POEM

From Arthur's Nightmare
by Bobi Jones

THE hills do not keep silence, for he has purchased
The creation in the breeze. The maple
Insists on sharing in the worship; look,
The ash tree joins with me too. Men are not alone,
Not alien from the creatures; the pebbles
Of the brook come to chatter their collects
With me. And when I go wending through the field
The honey-suckle reaches down its spray
To shake out God's renown, a fragrance
Of his praise around me until a scrap of vision
Of the unseen and unfallen earth and heaven
Dances through the haze of dawn,
Promise of the land which was, which shall be.

Silence

EMYN

ARGLWYDD, trefni mewn doethineb
Ein tymhorau is y rhod;
Daw i ben dy fythol arfaeth
Er pob newid sydd yn bod:
Ti ddewisaist Wlad y Bryniau,
Ddyddiau tywyll a di-wawr,
I egluro dy fwriadau
Er dy glod a'th Enw mawr.

Hyd ein glannau pell a olchir
O'r gorllewin gan y lli
Yr anfonaist ti o'th gariad
Sôn am Groesbren Calfari;
Dros yr Eglwys Lân Gatholig
Collwyd chwys a gwaed dy blant,
A disgleirio'n rhol dy arwyr
Y mae enw Dewi Sant.

Parchwn, Arglwydd, goffadwriaeth
Pawb o Seintiau Cymru wen,
Yr Esgobion a'r Offeiriaid
A'r Merthyri hwnt i'r llen:
Dewi, Dyfrig, Deiniol, Teilo –
Dewr y safent tros y gwir,
Bu eu pader, bu eu penyd
Yn sancteiddio erwau'n tir.

>

HYMN

GOD, in love's discerning wisdom
times and seasons you arrange –
working out your changeless purpose
in a world of ceaseless change:
you did form our ancient people
in remote and primal days,
to unfold in us a purpose
to your glory and your praise.

To the shores of these our islands,
washed by rolling western waves,
tidings in your love you sent us,
tidings of the Christ who saves.
Folk of courage strove and suffered
here your living Church to plant;
glorious in the roll of faithful
shines the name of Dewi Sant.

God, we hold in veneration
all the saints that Wales has known,
preaching, healing, caring, teaching:
constantly your love was shown –
Dewi, Dyfrig, Deiniol, Teilo –
all the dedicated band,
who of old by prayer and labour
hallowed our ancestral land.

Mae dy fwriad yn goroesi
Holl ddamweiniau daear lawr;
Mae dy Eglwys Lân yn aros
Byth yn dyst o'th gariad mawr:
Dyro nerth a gweledigaeth,
Arglwydd, yn dy waith o hyd,
A'th ewyllys di a wneler
Yn yr Eglwys a'r holl fyd.

Still remains your ancient purpose
every change and chance above;
still remain your faithful people,
witness to your changeless love.
Vision grant us, hope, and courage
to fulfil the work begun;
God of Justice and of Freedom,
in this land your will be done.

GWEDDÏAU

Molwn di, Dduw dirgelwch a datguddiad, am dy saint, [ENWAU], a laniodd gyntaf ar y traethau hyn, ar ôl teithio mewn ffydd dros y Môr Celtaidd, ac a ddatguddiodd yn dy bobl yn y fan hon ffyrdd hanner cuddiedig dy gariad o'u mewn, gan sefydlu'r lleoedd gweddi, lle mae dy Ysbryd yn anwesu awel yr haf ac yn taranu trwy stormydd y gaeaf.

Dduw byw, cyffwrdd â ni eto, bererinion fel ag yr ydym, cryfha ni ar ein taith, a dwg ni gyda'th holl saint i wynebu'r rhai sy'n disgleirio mewn gogoniant, yn Iesu Grist, sydd ei hun yn arloeswr ac yn ffordd fywiol. **Amen.**

Dad,
**geidwad y nefoedd,
dy ras sydd yn llorio.
Cyfod dy babell yma.
Dyro oleuni i'n llwybrau:
bydded iddynt adlewyrchu ffordd sancteiddrwydd.
Gosod fara i'n bwydo, gwin i'n disychedu.
Dilea yr hyn a aeth o chwith:
gwnawn ninnau yr un fath i'r troseddwyr.
Cadw ni rhag profedigaeth.
Datod rwymau pechod.
Eiddot ti yw'r gogoniant,
bob amser.
Amen.**

Gras Duw a fyddo gyda chwi,
gras Crist a fyddo gyda chwi,
gras yr Ysbryd a fyddo gyda chwi,
a chyda'ch plant,
am awr, am byth, am dragwyddoldeb.
Amen.

PRAYERS

WE give you praise, God of mystery and revelation, for your saints, NN, who first touched these shores, travelling in faith across the surrounding seas, unveiling in your people here the ways of your love half hidden within them, planting the places of prayer, where your Spirit caresses in the summer breeze and thunders through the winter storms.

Living God, touch us again, pilgrim people that we are, strengthen us on our journey, and bring us with all your saints to the faces that shine in glory, in Jesus Christ, himself the pioneer and the living way. **Amen.**

FATHER,
heaven's keeper,
your grace crushes.
Pitch your tent here.
Give light to our paths:
let them mirror a holy way.
Set bread to nourish, wine to quench.
Score out what has gone awry:
likewise we for evil doers.
Keep us from temptation.
Untie sin's thongs.
Glory's yours,
always.
Amen.

THE grace of God be with you,
the grace of Christ be with you,
the grace of Spirit be with you,
and with your children,
for an hour, for ever, for eternity.
Amen.

DYDD MERCHER

WEDNESDAY

SALM A GWEDDI AGORIADOL

Tawelwch

Ceir cipolwg ar y diwedd yng nghanol y daith:
mae'r cyflawniad y tu hwnt i'n dychymyg.
Ceir cipolwg ar y diwedd yng nghanol y daith:
mae'r cyflawniad y tu hwnt i'n dychymyg.
Bendigedig yw'r rhai y mae eu nerth ynot ti,
y mae dy ffyrdd yn eu calon,
y rhai sydd wrth ymlwybro trwy wastadedd diflastod
yn dod o hyd i ffynnon annisgwyl,
sy'n tarddu o ddyfnder y tir diffaith,
ac yn llenwi'r pyllau â dŵr.
Maent hwy yn troi'n ffynhonnau iachâd i eraill,
yn gronfeydd o dosturi i'r rhai archolledig.
Wedi cael eu hatgyfnerthu eu hunain maent hwy yn rhoi
    dewrder i eraill,
a bydd Duw yno ar derfyn eu taith.
Ceir cipolwg ar y diwedd yng nghanol y daith:
mae'r cyflawniad y tu hwnt i'n dychymyg.

O Dduw pererinion yr anialwch, **syfrdana ni, ni sy'n**
lluddedig ar ôl dyddiau undonog o haul neu gwmwl,
sy'n dwyn olion ymosodiad gwyntoedd troellog
anferthol, syfrdana ni eto ag afrlladfa o ryfeddod,
datguddiad o gariad, hafan o adfywiad, blas o'r
cynhaeaf, eiliad o ras. Amen.

OPENING PSALM AND PRAYER

Silence

THE end is known in the midst of the journey:
the fulfilment is beyond our imagining.
The end is known in the midst of the journey:
the fulfilment is beyond our imagining.
Blessed are those whose strength is in you,
in whose heart are your ways,
who trudging through the plains of misery
find in them an unexpected spring,
a well from deep below the barren ground,
and the pools are filled with water.
They become springs of healing for others,
reservoirs of compassion for those who are bruised.
Strengthened themselves they give courage to others,
and God will be there at the end of their journey.
The end is known in the midst of the journey:
the fulfilment is beyond our imagining.

O GOD of the desert pilgrims, **we who are wearied by**
monotonous days of sun or cloud, who are battered
by the monstrous whirling winds, surprise us yet
with a monstrance of wonder, a revelation of love, an
oasis of refreshment, a taste of the harvest, a
moment of grace. Amen.

SALM 127: SALM Y PERERIN VIII

Traul a Gofal: Pa mor dda yr ydym ni yn adeiladu?

Dduw tragwyddol, ein Craig a'n Sylfaen,
hebot ti rwbel yw popeth a adeiladwn.
Adeiladwn ein bywydau ar dywod,
ac mae'r adeiladau yn disgyn ac yn malurio.
Atal ein balchder cynllwyngar,
ond bendithia ni mewn dinas a chartref.
Yn ofer y gwylia'r gwylwyr y ddinas;
ni wêl y gwyliwr y llygredd o'i mewn.
Mae goleuadau'r tyrau yn disgleirio gydol y nos.
Ai am elw ofer y mae'r cyfan? A fyddant yn troi'n llwch
cyn hir?
Atal ein balchder cynllwyngar,
ond bendithia ni mewn dinas a chartref.
Yn ofer y codwn mor fore,
wedi'n tynnu at y gwaith sydd yn ein traflyncu.
Mae bara pryder yn ein suro ac yn ein cnoi ni,
anghofiwn dy fod ti'n rhoi rhoddion tra'n bod ni'n cysgu.
Atal ein balchder cynllwyngar,
ond bendithia ni mewn dinas a chartref.
Gadewch inni droi at ein plant a chwarae â hwy,
gwastraffu amser mecanyddol yn ogoneddus!
Hwy yw ein hetifeddiaeth, rhodd oddi wrthyt ti yn unig:
bodlon yw'r rhai sy'n adeiladu'n gadarn o'u cwmpas hwy.
Atal ein balchder cynllwyngar,
ond bendithia ni mewn dinas a chartref.
O adeiladau o'r fath y llunnir y ddinas barhaus:
bendigedig yw y rhai sydd yn ymhyfrydu yn y fath roddion
amhrisiadwy.
Byddant yn sefyll yn gadarn pan wynebant eu gelynion,
byddant hwy a'u plant yn tyfu mewn doethineb a maintioli.

PSALM 127: THE PILGRIM PSALMS VIII

Consumption and Care: How well are we building?

ETERNAL God, our Rock and our Foundation,
without you all that we build is but rubble.
We construct our lives on sand,
and the buildings subside and crumble.
Frustrate our scheming pride,
yet bless us in city and home.
Those who guard the city do so in vain;
the watchman cannot see the corruption within.
The lights in the towers shine on through the night.
Is it all for vain profit? Will they soon turn to dust?
Frustrate our scheming pride,
yet bless us in city and home.
Foolish we are to rise up so early,
drawn to the work that consumes us.
The bread of anxiety sours and gnaws at us,
we forget you give gifts while we sleep.
Frustrate our scheming pride,
yet bless us in city and home.
Let us turn to our children and play with them,
a glorious waste of mechanical time!
They are our heritage, a gift only from you:
content are those who build steady around them.
Frustrate our scheming pride,
yet bless us in city and home.
Of such buildings is the lasting city made:
blessed are those who delight in such priceless gifts.
They will stand assured when facing their adversaries,
they and their children will grow in stature and wisdom.

Tawelwch

CADW ni i adeiladu, yn araf, yn gyson, yn unplyg. **Cadw ni rhag bod fel twˆr Babel, yn bendrwm ac yn wag. Cadw ni i adeiladu ein gilydd mewn doethineb a chariad. A gwared ni rhag ymboeni am yfory. Amen.**

Silence

KEEP us building slowly, steadily, truly. **Keep us from being Babel-like, top-heavy and empty. Keep us building one another up in wisdom and love. And let us take no anxious thought for tomorrow. Amen.**

SALM 128: SALM Y PERERIN IX

Cau allan a Chofleidio: Ydw i'n perthyn?

O GYFNOD ein cyndeidiau hyd at blant ein plant
gadewch i ni ddiolch am fendithion cartref.
O gyfnod ein cyndeidiau hyd at blant ein plant
gadewch i ni ddiolch am fendithion cartref.
Bendigedig fyddwn os parchwn Dduw,
os cerddwn yn llwybrau ein Creawdwr.
Bydd llafur ein dwylo yn dwyn ffrwyth:
bydd popeth yn dda, gorffwyswn yn fodlon.
Bydd gŵr a gwraig yn hapus ynghyd,
bydd partneriaid a chyfeillion yn cynnal ei gilydd:
mewn cyfeillgarwch ac ymddiriedaeth byddant yn cofleidio,
ac yn ymgasglu i adrodd straeon wrth y tân.
Bydd plant yn fendith o gwmpas y bwrdd,
bydd gwesteion yn dwyn gras i'r gwyliau.
Fel canghennau gwinwydd ac olewydd,
bydd y naill yn datgelu Duw i'r llall.
O gyfnod ein cyndeidiau hyd at blant ein plant
gadewch i ni ddiolch am fendithion cartref.
Bendigedig ydym os cadwn gyfreithiau Duw,
Duw sydd yn trigo yn nirgel leoedd ein calonnau,
sydd yn dod yn fyw yn y cariad sydd rhyngom ni,
sydd yn rhannu bara a gwin ar ein haelwyd.
Duw a'n bendithia yn wir:
byddwn wedi adnabod Jerwsalem –
allbost dinas heddwch,
arwydd shalom ar y ddaear.
O gyfnod ein cyndeidiau hyd at blant ein plant
gadewch i ni ddiolch am fendithion cartref.

PSALM 128: THE PILGRIM PSALMS IX

Exclusion and Embrace: Do I belong?

FROM our ancestors to our children's children
let us be grateful for the blessings of home.
From our ancestors to our children's children
let us be grateful for the blessings of home.
We are blessed if we hold God in awe,
if we walk in the paths of our Creator.
The labour of our hands will bear fruit:
all shall be well, we shall rest content.
Husband and wife will be happy together,
partners and friends will sustain one another:
in intimacy and trust they will embrace,
and gather to tell tales by the fire.
Children will be a blessing round the table,
guests will bring grace to festival times.
As branches of vine and of olive,
each will be God's presence to the other.
From our ancestors to our children's children
let us be grateful for the blessings of home.
We are blessed if we keep the counsels of God,
who dwells in the secret places of our hearts,
who comes to life between us in love,
who shares bread and wine around our hearth.
God will bless us indeed:
we shall have known Jerusalem –
an outpost of the city of peace,
a sign of shalom on the earth.
From our ancestors to our children's children
let us be grateful for the blessings of home.

Tawelwch

NA fydded i hyd yn oed yr esgymun a'r alltud, **oddi mewn inni neu y tu hwnt i'n porth, warafun y bodlonrwydd a dardd o fendithion syml. Bydded i'r ffodus agor eu pyrth yn llydan i groesawu'r esgymun a'r alltud adref. Mewn ffyrdd tawel bydded i alar gael ei leddfu a chenfigen gael ei ddileu. Amen.**

Silence

LET even the outcast and exile, **within us or beyond our gate, not begrudge the contentment of simple blessings. Let the fortunate open wide their gates to welcome the outcast and the exile home. In quiet ways may sorrows be eased and envy dispelled. Amen.**

DARLLENIAD

Crynodeb o Mathew 10.7–14; 8.19–20

Ewch fel ŵyn at haid o fleiddiaid:
heb ffon yn eich llaw,
heb sandalau ar eich traed,
heb fag ar eich cefn,
heb glebran ar y daith,
gyda'r un dillad ar gyfer y dydd a'r nos,
ar gyfer yr haf a'r gaeaf.

Yn y tŷ a fydd yn eich derbyn,
iachewch eu cleifion,
rhannwch eu bwyd,
oherwydd yno y mae Teyrnas Dduw.

Mae gan bob llwynog ffau,
mae gan bob aderyn nyth:
y ddynolryw yn unig sydd yn ddigartref.

Tawelwch

READING

Summary of Matthew 10.7–14; 8.19–20

Go like lambs to a wolf pack:
no staff in your hand,
no sandals on your feet,
no knapsack on your back,
no chatter on the journey,
and the same clothes for day and night,
summer and winter.

In the house that accepts you,
heal their sick,
share their meal,
and there is the Kingdom of God.

Every fox has a den,
every bird has a nest:
only humans are homeless.

Silence

CERDD

Dewi Sant
gan Gwenallt

...Dônt i addoli gyda ni, gynulleidfa fach,
Y saint, ein hynafiaid hynaf ni,
A adeiladodd Gymru ar sail
Y Crud, Y Groes a'r Bedd Gwag;
Ac ânt allan ohoni fel cynt i rodio eu hen gynefin
Ac i Efengylu Cymru.
Gwelais Ddewi yn rhodio o sir i sir fel sipsi Duw
Â'r Efengyl a'r Allor ganddo yn ei garafán;
A dyfod atom i'r Colegau a'r ysgolion
I ddangos inni beth yw diben dysg.
Disgynnodd i waelod pwll glo gyda'r glowyr
A bwrw golau ei lamp gall ar y talcen;
Gwisgo ar staeds y gwaith dur y sbectol a'r crys bach glas
A dangos y Cristion yn cael ei buro fel y metel yn y ffwrnais;
Ac arwain y werin ddiwydiannol i'w Eglwys amharchus.
Cariodd ei Eglwys i bobman
Fel corff, a hwnnw yn fywyd, ymennydd ac ewyllys
A wnâi bethau bach a mawr.
Daeth â'r Eglwys i'n cartrefi,
Rhoi'r Llestri Santaidd ar ford y gegin,
A chael bara o'r pantri a gwin sâl o'r seler,
A sefyll y tu ôl i'r bwrdd fel tramp
Rhag iddo guddio rhagom ryfeddod yr Aberth.
Ac wedi'r Cymun cawsom sgwrs wrth y tân,
A soniodd ef wrthym am Drefn naturiol Duw,
Y person, y teulu, y genedl a'r gymdeithas o genhedloedd,
A'r Groes yn ein cadw rhag troi un ohonynt yn dduw.

>

POEM

St David
by Gwenallt

...THEY come to worship with us, our small congregation,
The saints, our oldest ancestors,
Who built Wales on the foundation
Of the Crib, the Cross, and the Empty Tomb.
And they go out as before to travel their old ways
And to evangelize Wales.
I have seen Dewi going from shire to shire like the gipsy
   of God,
With the gospel and the altar in his caravan:
He came to us in the colleges and schools
To show us the purpose of learning.
He went down into the pit with the coal miners
And shone his lamp on to the coal face.
He put on the goggles of the steel worker, and the short
   grey overall,
And showed the Christian being purified like metal in the
   furnace.
He brought the factory people into his disreputable Church.
He carried the Church everywhere
Like a body with life and mind and will,
And he did things small and great.
He brought the Church into our homes,
Put the holy vessels on the kitchen table,
With bread from the pantry and wine from the cellar,
And he stood behind the table like a tramp
So as not to hide from us the wonder of the sacrifice.

>

Dywedodd mai Duw a luniodd ein cenedl ni
I'w bwrpas Ef ei Hun,
Ac y byddai ei thranc yn nam ar y Drefn honno...

Tawelwch

And after the Communion we had a talk round the fire,
And he spoke to us of God's natural order,
The person, the family, the nation, and the society of nations,
And the cross which prevents us from making any of them
    into a god.
He said that God had made our nation
For his own purposes
And that its death would be a breach of that order...

Silence

EMYN

GORWEDD llwch holl saint yr oesoedd
  A'r merthyron yn dy gôl,
Ti a roddaist iddynt anadl
  A chymeraist hi yn ôl.

Bu'r angylion yma'n tramwy,
  Ar dy ffyrdd mae ôl eu troed,
A bu'r Ysbryd Glân yn nythu,
  Fel colomen, yn dy goed.

Clywai beirdd mewn gwynt ac awel
  Gri Ei aberth, llef Ei loes,
Ac yng nghanol dy fforestydd
  Gwelent Bren y Groes.

Ei atgyfodiad oedd dy wanwyn,
    a'th haf Ei iechydwriaeth las,
Ac yng ngaeaf dy fynyddoedd
    Codai dabernaclau gras.

Hidlai wlith a glaw Rhagluniaeth
  Ar dy gaeau ŷd a'th geirch,
A'i Ogoniant oedd ar offer
  Ac ar ffrwyn dy feirch.

Bu dy gysgod a'th hwyl-longau'n
  Cerdded ar hyd llwybrau'r lli,
Ac yn llwythog tan eu byrddau
  Farsiandïaeth Calfari.

>

HYMN

MARTYRS' dust through countless ages
and the saints lie in thy breast,
thou didst give them breath and being,
thou didst call them to thy rest.

On thy roads are seen the footprints
made by angels from above,
and the Holy Ghost has settled
in thy branches like a dove.

Bards have heard in winds and breezes
sighs of sacrificial pain,
deep within thy darkest forests
the Rood Tree doth still remain.

Resurrection was Christ's springtime,
summer was Christ's triumph green,
in the winter of thy mountains
tabernacles have been seen.

Providential dews and raindrops
on thy fields of oat and corn,
and Christ's glory on the harness
of thy horses in the morn.

Ships have sped o'er many waters,
laden with a precious prize,
sails have borne across the ocean
Calvary's rich merchandise.

>

Duw a'th wnaeth yn forwyn iddo,
  Galwodd di yn dyst,
Ac argraffodd Ei gyfamod
  Ar dy byrth a'th byst.

Mae dy saint yn dorf ardderchog,
  Ti a'i ceri, hi a'th gâr,
Ac fe'u cesgli dan d'adenydd
  Fel y cywion dan yr iâr.

For himself thy God has chosen
thee to love Him evermore,
and his covenant is written
on the lintel of thy door.

Saints are clothed in morning radiance,
loving thee, thy joy and pride,
like a mother bird thou callest,
warm beneath thy wing they hide.

GWEDDÏAU

MOLWN di, Dduw dirgelwch a datguddiad, am dy saint, [ENWAU], a laniodd gyntaf ar y traethau hyn, ar ôl teithio mewn ffydd dros y Môr Celtaidd, ac a ddatguddiodd yn dy bobl yn y fan hon ffyrdd hanner cuddiedig dy gariad o'u mewn, gan sefydlu'r lleoedd gweddi, lle mae dy Ysbryd yn anwesu awel yr haf ac yn taranu trwy stormydd y gaeaf.

Dduw byw, cyffwrdd â ni eto, bererinion fel ag yr ydym, cryfha ni ar ein taith, a dwg ni gyda'th holl saint i wynebu'r rhai sy'n disgleirio mewn gogoniant, yn Iesu Grist, sydd ei hun yn arloeswr ac yn ffordd fywiol. **Amen.**

ABBA, Dad,
sy'n trigo mewn enfys beintiedig
a chalon fel calon plentyn,
dieithr yw dy enw – fel dolydd dilwybr.
Ymwêl â ni yn iâ'r gwirionedd
a thawelwch trugaredd.
Bydded i'r hyn sydd yn gorwedd mewn pridd
a strydoedd – a galaethau,
blygu i deyrnasiad Dy Gariad Di.
Ein cyflenwad bara,
prun ai ydym yn dlawd neu'n gyfoethog.
Symud anghyfiawnder o'n caeau a'n moroedd.
Maddau ein pechod, nacâ ei hen afael arnom –
wrth inni ollwng yn rhydd y rhai y mae
eu tramgwydd
wedi eu serio ar ein calonnau.
Rhag treialon rhyddha ni.
Rhwyga iau Satan oddi arnom.
Iachâ'r archoll dragwyddol.

>

PRAYERS

WE give you praise, God of mystery and revelation, for your saints, NN, who first touched these shores, travelling in faith across the surrounding seas, unveiling in your people here the ways of your love half hidden within them, planting the places of prayer, where your Spirit caresses in the summer breeze and thunders through the winter storms.

Living God, touch us again, pilgrim people that we are, strengthen us on our journey, and bring us with all your saints to the faces that shine in glory, in Jesus Christ, himself the pioneer and the living way. **Amen.**

ABBA, Father,
**abiding in painted rainbow and childlike heart,
strange is your name – like trackless meadows.
Visit us in truth's ice and mercy's quiet.
May what lies in soil and streets – and galaxies,
bend to the rule of Your Love.
Our bread supply, though we be rich and poor.
Remove injustice from our fields and seas.
Our sin forgive, deny its ancient clasp –
as we release those whose wrongs
are fixed upon our hearts.
From trials free us.
Break Satan's yoke from us.
Cure the eternal wound.
Abba, Father,
whose authority stirs the oceans,
whose shining inhabits all that is,
dwell with us. Amen.**

Abba, Dad,
awdurdod yr hwn sy'n symud y cefnforoedd,
llewyrch yr hwn sy'n trigo ym mhopeth sydd,
triga gyda ni. Amen.

BYDDED i Dduw eich amddiffyn ar bob llechwedd,
bydded i Grist eich helpu ar bob llwybr,
bydded i'r Ysbryd eich llenwi ar bob rhiw,
ar ucheldir a gwastadedd.
Amen.

MAY God shield you on every steep,
may Christ aid you on every path,
may Spirit fill you on every slope,
on hill and plain.
Amen.

DYDD IAU

THURSDAY

SALM A GWEDDI AGORIADOL

Tawelwch

CEIR cipolwg ar y diwedd yng nghanol y daith:
mae'r cyflawniad y tu hwnt i'n dychymyg.
Ceir cipolwg ar y diwedd yng nghanol y daith:
mae'r cyflawniad y tu hwnt i'n dychymyg.
Bendigedig yw'r rhai y mae eu nerth ynot ti,
y mae dy ffyrdd yn eu calon,
y rhai sydd wrth ymlwybro trwy wastadedd diflastod
yn dod o hyd i ffynnon annisgwyl,
sy'n tarddu o ddyfnder y tir diffaith,
ac yn llenwi'r pyllau â dŵr.
Maent hwy yn troi'n ffynhonnau iachâd i eraill,
yn gronfeydd o dosturi i'r rhai archolledig.
Wedi cael eu hatgyfnerthu eu hunain maent hwy yn rhoi
dewrder i eraill,
a bydd Duw yno ar derfyn eu taith.
Ceir cipolwg ar y diwedd yng nghanol y daith:
mae'r cyflawniad y tu hwnt i'n dychymyg.

O DDUW pererinion yr anialwch, **syfrdana ni, ni sy'n**
lluddedig ar ôl dyddiau undonog o haul neu gwmwl,
sy'n dwyn olion ymosodiad gwyntoedd troellog
anferthol, syfrdana ni eto ag afrlladfa o ryfeddod,
datguddiad o gariad, hafan o adfywiad, blas o'r
cynhaeaf, eiliad o ras. Amen.

OPENING PSALM AND PRAYER

Silence

THE end is known in the midst of the journey:
the fulfilment is beyond our imagining.
The end is known in the midst of the journey:
the fulfilment is beyond our imagining.
Blessed are those whose strength is in you,
in whose heart are your ways,
who trudging through the plains of misery
find in them an unexpected spring,
a well from deep below the barren ground,
and the pools are filled with water.
They become springs of healing for others,
reservoirs of compassion for those who are bruised.
Strengthened themselves they give courage to others,
and God will be there at the end of their journey.
The end is known in the midst of the journey:
the fulfilment is beyond our imagining.

O GOD of the desert pilgrims, **we who are wearied by**
monotonous days of sun or cloud, who are battered
by the monstrous whirling winds, surprise us yet
with a monstrance of wonder, a revelation of love,
an oasis of refreshment, a taste of the harvest, a
moment of grace. Amen.

SALM 129: SALM PERERIN X

Golgotha a Hil-laddiad: Gall ffydd oroesi?

MAE litani'r alarnad yn dwysáu:
mae curiad calon ffydd yn gwanhau.
Mae litani'r alarnad yn dwysáu:
mae curiad calon ffydd yn gwanhau.
Onid oes terfyn i rym y drygionus?
Paham nad wyt yn eu hatal, O Dduw?
Gwyddai dy bobl gynt beth oedd dioddefaint,
ond molent di am waredigaeth.
Bu eu gelynion yn aredig eu cefnau â sychau,
gan agor cwysi gwritgoch.
Ond ni adewaist i'r gelyn orchfygu,
torraist dy bobl yn rhydd o'r rhwymau dolurus.
Mae litani'r alarnad yn dwysáu:
mae curiad calon ffydd yn gwanhau.
Roedd eu dicter yn dygyfor o'u mewn,
gan felltithio'r gelyn â gwawd egr:
Bydded iddynt fod fel porfa sy'n gwywo yn y gwres,
heb fyth aeddfedu i'r cynhaeaf.
Ymddengys yn gyfnewid braf inni yn awr,
wyneb yn wyneb â chreulondeb dilyffethair –
arteithiau a berffeithiwyd,
plant a drywanwyd ac a daflwyd i'r gwter.
Mae litani'r alarnad yn dwysáu:
mae curiad calon ffydd yn gwanhau.

>

PSALM 129: THE PILGRIM PSALMS X

Golgotha and Genocide: Can faith survive?

THE litany of lament grows loud and long:
the pulse of faith grows weak.
The litany of lament grows loud and long:
the pulse of faith grows weak.
Does the power of the wicked have no limit?
Why do you not restrain them, O God?
Your people of old knew a measure of affliction,
but they praised you for deeds of deliverance.
Their enemies scored their backs with ploughshares,
opening long furrows of crimson.
But you would not let the adversary prevail,
you cut your people free from the chafing bonds.
The litany of lament grows loud and long:
the pulse of faith grows weak.
Their anger welled up within them,
cursing the enemy with withering scorn:
May they be as grass that shrivels in the heat,
may they never come to the ripeness of harvest.
An easy exchange it seems to us now,
faced as we are with cruelty unleashed –
exquisite refinements of torture,
children knifed and dumped in the gutters.
The litany of lament grows loud and long:
the pulse of faith grows weak.

>

Gwae ni pan fydd glanhau yn golygu lladd,
pan ymddengys hil-laddiad yn ateb hawdd,
pan chwala bwledi yn fil o ddarnau,
pan mae'r hen a'r ifanc yn cael eu cam-drin a'u taflu o'r
    neilltu.
Paham nad wyt yn gweithredu, Dduw mud, yn dy gyfiawnder?
Sut y meiddiwn dy alw'n dda bellach?
Yr ydym wedi mynd i ganol y tywyllwch dudew ar ganol y
    daith:
parlyswyd y pererinion, ni allant symud.
Mae litani'r alarnad yn dwysáu:
mae curiad calon ffydd yn gwanhau.

Tawelwch

Dduw distaw, **ni chawn atebion i'n gweddïau, eto daliwn i weddïo arnat rhag inni anobeithio. Cyfiawnha dy ffyrdd inni, ac na thawela ni, fel Job, â grym ac â rhwysg. Argyhoedda ni drachefn bod grym anorchfygol mewn cariad croeshoeliedig archolladwy, hyd yn oed pan mae'n edrych fel pe bai bydoedd yn gwahanu Golgotha a hil-laddiad. Paid â'n siomi ni yn ein hargyfwng. Amen.**

Woe to us when to cleanse means to slaughter,
when genocide seems the simple solution,
when bullets explode into a thousand splinters,
when young and old are abused and discarded.
Why do you not act, mute God, in your justice?
How dare we name you as good any more?
We have entered deep darkness in the midst of the journey:
the pilgrims are paralyzed, unable to move.
The litany of lament grows loud and long:
the pulse of faith grows weak.

Silence

SILENT God, **we receive no answers to our prayers, yet still we pray to you lest we despair. Justify your ways to us, and do not silence us, like Job, with power and grandeur. Convince us again of the invincible strength of vulnerable and crucified love, even when Golgotha and genocide seem worlds apart. Do not fail us in our extremity. Amen.**

SALM 130: SALM Y PERERIN XI

Gwylio ac Aros: A fentraf i'r tywyllwch?

Yn wag, yn guriedig, wedi ymlâdd,
gwingaf yn nyfnder anobaith.
Yn ofidus ac yn ddolurus, yn affwysol o unig,
ymlwybraf drwy anialdir diffaith, wedi fy amddifadu
   o bob cariad.
Yn y gwagle mae fy nghri yn atseinio:
ni chlyw unrhyw Dduw Tosturi fy llais.
Eto daliaf i weddïo, agor dy galon
oherwydd y mae fy nagrau yn dygyfor o'm mewn.
Heb gostio dim llai na'r cyfan
bydd pob math o beth yn dda.
Os wyt yn cadw cyfrif o'r cyfan sydd yn fy nhynnu i lawr,
nid oes modd imi sefyll yn gadarn.
Wedi fy mharlysu ac yn ddi-rym, syrthiaf,
wedi fy rhwymo gan y drygioni yr wyf yn ei gasáu.
Ond gyda thi y mae maddeuant a gras:
ni allaf roi dim – ymddengys fel marwolaeth.
Mae grym dy gariad mor ofnadwy:
arswydaf rhag dy anwes di sydd yn fy rhyddhau.
Heb gostio dim llai na'r cyfan
bydd pob math o beth yn dda.
Wedi fy nhynnu o'r dyfnder cymylog gan fachyn pysgota,
Gweiddaf ar yr awyr a fydd yn fy lladd:
A oes yn rhaid imi adael popeth a garaf o'm hôl
cyn y gallaf anadlu yn rhydd?
Yn crogi rhwng un byd a'r nesaf,
arhosais amdanat ti, fy Nuw.
Bu pryder a gobaith yn ymgodymu ynof,
arhosais, dyheais am dy air.

>

PSALM 130: THE PILGRIM PSALMS XI

Watching and Waiting: Dare I enter the dark?

EMPTY, exhausted, and ravaged,
in the depths of despair I writhe.
Anguished and afflicted, terribly alone,
I trudge a bleak wasteland, devoid of all love.
In the echoing abyss I call out:
no God of Compassion hears my voice.
Yet still I pray, Open your heart,
for my tears well up within me.
Costing not less than everything,
all manner of things shall be well.
If you keep account of all that drags me down,
there is no way I can stand firm.
Paralyzed and powerless, I topple over,
bound by the evil I hate.
But with you is forgiveness and grace:
there is nothing I can give – it seems like a death.
The power of your love is so awesome:
I am terrified by your freeing embrace.
Costing not less than everything,
all manner of things shall be well.
Drawn from the murky depths by a fish hook,
I shout to the air that will kill me:
Must I leave behind all that I cherish
before I can truly breathe free?
Suspended between one world and the next,
I waited for you, my God.
Apprehension and hope struggled within me,
I waited, I longed for your word.
Costing not less than everything,
all manner of things shall be well.   >

Heb gostio dim llai na'r cyfan
bydd pob math o beth yn dda.
Fel gwyliwr yn disgwyl am y bore,
drwy'r nos dywyllaf ac oeraf,
mwy hyd yn oed na'r gwyliwr sydd yn syllu drwy'r caddug,
gobeithaf am y wawr, dyheaf am y goleuni.
Fe gedwi dy addewid i'm bywhau,
yn orlawn o gariad hael.
Fe'm rhyddhei o afael drygioni,
O Dduw trugaredd a thosturi.
Gan gyffwrdd ac iacháu fy mod cyfan,
yw wyt ti'n Dduw nad oes terfyn ar ei gyrraedd.
Rhyw ddydd fe fydd popeth a gollwyd yn dod i'r golau:
bydd cymundeb y rhai a achubwyd yn llawenhau yn dy enw.
Heb gostio dim llai na'r cyfan
bydd pob math o beth yn dda.

Tawelwch

Trwy ddyfnderoedd tywyll anobaith, **trwy sychder yr**
anialwch, trwy'r gagendor a agorir gan ein ffaeleddau
a'n ffolineb, mentrwn godi ein llef ar y Duw byw.
Oherwydd ni adewi di inni ddianc rhag ein daioni
eithaf. Yn ein hymrafael â thi, Garwr chwyrn, tanllyd,
gad i ryw ogoniant newydd gael ei lunio, a bywyd
newydd annisgwyl gael ei eni. Amen.

As a watchman waits for the morning,
through the darkest and coldest of nights,
more even than the watchman who peers through the gloom,
I hope for the dawn, I yearn for the light.
You will fulfil your promise to bring me alive,
overflowing with generous love.
You will free me from the grip of evil,
O God of mercy and compassion.
Touching and healing the whole of my being,
you are a God whose reach has no limit.
All that has been lost will one day be found:
the communion of the rescued will rejoice in your name.
Costing not less than everything,
all manner of things shall be well.

Silence

THROUGH the dark despairing depths, **through the drought of the desert, through the abyss opened up by our failings and folly, we dare to risk our cry to the living God. For you will not let us escape from our greatest good. In our struggle with you, fierce, fiery Lover, let some new glory be wrought, and new and unexpected life come to birth. Amen.**

DARLLENIAD

Hebreaid 11.8–12

TRWY ffydd yr ufuddhaodd Abraham i'r alwad i fynd allan i'r lle yr oedd i'w dderbyn yn etifeddiaeth; ac fe aeth allan heb wybod i ble'r oedd yn mynd. Trwy ffydd yr ymfudodd i wlad yr addewid fel i wlad estron, a thrigodd mewn pebyll, fel y gwnaeth Isaac a Jacob, cydetifeddion yr un addewid. Oherwydd yr oedd ef yn disgwyl am ddinas ac iddi sylfeini, a Duw yn bensaer ac yn adeiladydd iddi. Trwy ffydd – a Sara hithau yn ddiffrwyth – y cafodd nerth i genhedlu plentyn, er cymaint ei oedran, am iddo gyfrif yn ffyddlon yr hwn oedd wedi addo. Am hynny, felly, o un dyn, a hwnnw cystal â bod yn farw, fe gododd ddisgynyddion fel sêr y nef o ran eu nifer, ac fel tywod dirifedi glan y môr.

Tawelwch

READING

Hebrews 11.8–12

By faith Abraham obeyed when he was called to set out for a place he was to receive as an inheritance; and he set out, not knowing where he was going.

By faith he stayed for a time in the land he had been promised, as in a foreign land, living in tents, as did Isaac and Jacob, who were heirs with him of the same promise. For he looked forward to the city that has foundations, whose architect and builder is God.

By faith he received power of procreation, even though he was too old, and Sarah herself was barren, because he considered him faithful who had promised. Therefore from one person, and this one as good as dead, descendants were born, as many as the stars of heaven and as the innumerable grains of sand by the seashore.

Silence

CERDD

Y wledd nefol
O'r ddegfed neu'r unfed ganrif ar ddeg

BYDDAI'N dda gennyf gael gwŷr nef
Yn fy nhŷ fy hun:
Byddai'n dda gennyf gael cerwynau o amynedd
at eu galw.

Byddai'i dda gennyf y tair Mair
mawr eu clod,
byddai'n dda gennyf gael
tylwyth y nef o bob tu.

Byddai'n dda gennyf fod budd
am byth yn eu cyfeddach,
byddai'n dda gennyf i Iesu
fod o hyd yn eu mysg.

Byddai'n dda gennyf lyn mawr o gwrw
ar gyfer Brenin y brenhinoedd,
byddai'n dda gennyf fod tylwyth y nef
i'w yfed yn oes oesoedd.

Tawelwch

POEM

The heavenly banquet
Tenth or eleventh century

I WOULD like to have the men of Heaven
in my own house:
with vats of good cheer
laid out for them.

I would like to have the three Marys,
their fame is so great.
I would like people
from every corner of Heaven.

I would like them to be cheerful
in their drinking.
I would like to have Jesus too
there amongst them.

I would like a great lake of beer
for the King of Kings,
I would like to be watching Heaven's family
drinking it through all eternity.

Silence

EMYN

MAE Duw yn llond pob lle,
   presennol ymhob man;
y nesaf yw efe
   o bawb at enaid gwan;
wrth law o hyd i wrando cri:
"Nesáu at Dduw sy dda i mi."

Yr Arglwydd sydd yr un
   er maint derfysga'r byd;
er anwadalwch dyn
   yr un yw ef o hyd;
y graig ni syfl ym merw'r lli:
"Nesáu at Dduw sy dda i mi."

Yr hollgyfoethog Dduw,
   ei olud ni leiha,
diwalla bob peth byw
   o hyd â'i 'wyllys da;
un dafn o'i fôr sy'n fôr i ni:
"Nesáu at Dduw sy dda i mi."

HYMN

SEEK not in distant, ancient hills
the promised holy land,
but where you live do what God wills
and find it close at hand.

A single heaven wraps around
this whirling, watered stone,
and every place is sacred ground
where God is loved and known.

To climb the templed, footworn peak
where pilgrims long have trod,
unlock the bolted soul and seek
the present, living God.

In spirit and in truth you'll find
what human thought can't frame:
the source of breath and pulse and mind,
the primal wind and flame.

GWEDDÏAU

Molwn di, Dduw dirgelwch a datguddiad, am dy saint, [ENWAU], a laniodd gyntaf ar y traethau hyn, ar ôl teithio mewn ffydd dros y Môr Celtaidd, ac a ddatguddiodd yn dy bobl yn y fan hon ffyrdd hanner cuddiedig dy gariad o'u mewn, gan sefydlu'r lleoedd gweddi, lle mae dy Ysbryd yn anwesu awel yr haf ac yn taranu trwy stormydd y gaeaf.

Dduw byw, cyffwrdd â ni eto, bererinion fel ag yr ydym, cryfha ni ar ein taith, a dwg ni gyda'th holl saint i wynebu'r rhai sy'n disgleirio mewn gogoniant, yn Iesu Grist, sydd ei hun yn arloeswr ac yn ffordd fywiol. **Amen.**

Drindod mewn Undod,
Trown i ddod o hyd i ti yn llygaid eraill,
ynom ni ein hunain.
Ynysoedd dirgel ym moroedd pell niwloedd
a heuliau yw dy enw.
Gorffwys ym mhob peth sydd yn y lle hwn,
aros i'w gyffroi â'th ogoniant.
Llanw bob peth sydd yn y lle hwn
â'th ddelw ac â'th fwriad.
Dyro reis a barlys i fwydo ein cymdogion,
llanw eu ffynhonnau, eu pibellau a'u sianelau.
Na wehydda linynnau i'n tynnu i bechod;
tynn ni o'i laid.
Maddau ein pechodau,
fel y maddeuwn ninnau bechodau'r rhai a bechodd
yn ein herbyn ni.
Eiddot ti yw'r cyfan, cwfl y mynach a'r lleuadau,
Eiddot ti yw'r cyfan, mewn presennol tragwyddol.
Drindod mewn Undod, bydded i'r oll fod felly.
Amen.

PRAYERS

WE give you praise, God of mystery and revelation, for your saints, NN, who first touched these shores, travelling in faith across the surrounding seas, unveiling in your people here the ways of your love half hidden within them, planting the places of prayer, where your Spirit caresses in the summer breeze and thunders through the winter storms.

Living God, touch us again, pilgrim people that we are, strengthen us on our journey, and bring us with all your saints to the faces that shine in glory, in Jesus Christ, himself the pioneer and the living way. **Amen.**

TRINITY in Unity,
We turn to find you in others' eyes, in ourselves.
Your name is mysterious islands
in distant seas of mists and suns.
Rest in all that is in this place,
wait to stir it with your glory.
Imbue all that is in this place
with your design and intent.
Give rice and barley to feed our neighbours,
fill their wells, pipes, and channels.
Weave no reins to draw us into sin;
drag us from its mire.
Absolve our iniquities,
as we absolve from theirs
those who have wronged us.
All is yours, aconites and moons.
All is yours, in an eternal now.
Trinity in Unity, may all this be.
Amen.

BYDDED i lygad Duw drigo gyda chwi,
i droed Crist eich tywys chwi,
i gawod yr Ysbryd lifo drosoch chi,
yn helaeth ac yn hael.
Amen.

Be the eye of God dwelling with you,
the foot of Christ in guidance for you,
the shower of Spirit pouring upon you,
richly and generously.
Amen.

DYDD GWENER

FRIDAY

SALM A GWEDDI AGORIADOL

Tawelwch

CEIR cipolwg ar y diwedd yng nghanol y daith:
mae'r cyflawniad y tu hwnt i'n dychymyg.
Ceir cipolwg ar y diwedd yng nghanol y daith:
mae'r cyflawniad y tu hwnt i'n dychymyg.
Bendigedig yw'r rhai y mae eu nerth ynot ti,
y mae dy ffyrdd yn eu calon,
y rhai sydd wrth ymlwybro trwy wastadedd diflastod
yn dod o hyd i ffynnon annisgwyl,
sy'n tarddu o ddyfnder y tir diffaith,
ac yn llenwi'r pyllau â dŵr.
Maent hwy yn troi'n ffynhonnau iachâd i eraill,
yn gronfeydd o dosturi i'r rhai archolledig.
Wedi cael eu hatgyfnerthu eu hunain maent hwy yn rhoi
    dewrder i eraill,
a bydd Duw yno ar derfyn eu taith.
Ceir cipolwg ar y diwedd yng nghanol y daith:
mae'r cyflawniad y tu hwnt i'n dychymyg.

O DDUW pererinion yr anialwch, **syfrdana ni, ni sy'n**
lluddedig ar ôl dyddiau undonog o haul neu gwmwl,
sy'n dwyn olion ymosodiad gwyntoedd troellog
anferthol, syfrdana ni eto ag afrlladfa o ryfeddod,
datguddiad o gariad, hafan o adfywiad, blas o'r
cynhaeaf, eiliad o ras. Amen.

OPENING PSALM AND PRAYER

Silence

THE end is known in the midst of the journey:
the fulfilment is beyond our imagining.
The end is known in the midst of the journey:
the fulfilment is beyond our imagining.
Blessed are those whose strength is in you,
in whose heart are your ways,
who trudging through the plains of misery
find in them an unexpected spring,
a well from deep below the barren ground,
and the pools are filled with water.
They become springs of healing for others,
reservoirs of compassion for those who are bruised.
Strengthened themselves they give courage to others,
and God will be there at the end of their journey.
The end is known in the midst of the journey:
the fulfilment is beyond our imagining.

O GOD of the desert pilgrims, **we who are wearied by**
monotonous days of sun or cloud, who are battered
by the monstrous whirling winds, surprise us yet
with a monstrance of wonder, a revelation of love, an
oasis of refreshment, a taste of the harvest, a
moment of grace. Amen.

SALM 131: SALM Y PERERIN XII

Llonyddwch a Bodlonrwydd: Molaf

MEWN tawelwch ac mewn hyder y mae ein nerth,
mewn ymddiriedaeth lwyr y mae ein bodlonrwydd a'n
llawenydd.

**Mewn tawelwch ac mewn hyder y mae ein nerth,
mewn ymddiriedaeth lwyr y mae ein bodlonrwydd
a'n llawenydd.**

Dduw annwyl, nid yw fy nghalon yn falch,
na fy llygaid yn drahaus.

Nid wyf yn ymboeni am bethau mawrion,
nac am yr hyn sydd y tu hwnt i mi.

Yr wyf yn falch fy mod i'n dibynnu ar fy nghymydog,
nid wyf yn gwneud haeriadau mawr fy hun.

Pe bawn i'n cael fy ynysu ni fuaswn fyth yn gwybod am
ddoniau,
ni fuaswn yn gwybod am yr ymddiriedaeth sy'n ein clymu
ynghyd.

**Mewn tawelwch ac mewn hyder y mae ein nerth,
mewn ymddiriedaeth lwyr y mae ein bodlonrwydd
a'n llawenydd.**

Yr wyf wedi tawelu a distewi fy holl fod,
yr wyf fel plentyn bodlon ar fron ei fam.

Yn y tawelwch edrychaf ar lygaid fy anwylyd;
yr wyf yn ymgolli yng ngwaith y funud.

Mae fel tawelwch hwyrnos o wanwyn,
wedi ei ddwysáu gan fref oen.

Mae fel tonnau'r môr yn ymorffwys,
yn ddim mwy na sibrydiad yn anwes y traeth

**Mewn tawelwch ac mewn hyder y mae ein nerth,
mewn ymddiriedaeth lwyr y mae ein bodlonrwydd
a'n llawenydd.**   >

PSALM 131: THE PILGRIM PSALMS XII

Calm and Contentment: I shall praise

In quietness and confidence is our strength,
in utter trust our contentment and joy.
In quietness and confidence is our strength,
in utter trust our contentment and joy.
Dear God, my heart is not proud,
nor are my eyes haughty.
I do not busy myself in great matters,
nor in what is beyond me.
I am glad I depend on my neighbour,
I make no great claims of my own.
Sealed off by myself I would never know gifts,
never know the bonding of trust.
In quietness and confidence is our strength,
in utter trust our contentment and joy.
I have calmed and quietened my whole being,
I am like a child contented at the mother's breast.
In the stillness I look into the eyes of my lover;
I am absorbed in the task of the moment.
It is like the silence of an evening in spring,
made intense by the bleat of a lamb.
It is like the waves of the sea come to rest,
no more than a whisper in the caress of the shore.
In quietness and confidence is our strength,
in utter trust our contentment and joy.
The silence and stillness lift the woodsmoke of prayer,
a song of quiet gratitude wafting it high.
Aware of descendants and ancestors with us,
we join the soft chorus of praise.

Mae'r tawelwch a'r llonyddwch yn dyrchafu mwg y weddi,
yn codi'r gân o ddiolchgarwch i'r entrychion.
Yn ymwybodol bod disgynyddion a hynafiaid gyda ni,
ymunwn yn y gytgan dawel o fawl.

Tawelwch

Bydded inni goleddu'r tawelwch heb ei ofni. **Bydded inni
weld nad gwacter mohono eithr presenoldeb. Bydded
i'r Cariad sydd yn ei graidd dawelu ein hofnau.
Amen.**

Silence

MAY we cherish the silence and not be afraid. **May we know it not empty but full of presence. May the Love at its heart calm our fears. Amen.**

SALM 132: SALM PERERIN XIII

Prydferthwch a Gwynfyd: Rhyfeddaf

YSBLANDER Arch y Cyfamod,
yn lletya yng ngogoniant y Deml,
yn goron ar Ddinas Heddwch –
denwyd y pererinion gan brydferthwch Duw.
Nid rhyfedd bod Dafydd gynt
wedi tyngu na fyddai'n mynd i'w dŷ,
nac yn cysgu yng nghysur ei wely,
nes i arch y presenoldeb gael gorffwysfan.
Daliwyd ein golwg gan dy brydferthwch,
ochneidiwn mewn rhyfeddod a mawl.
Mae diwrnod yr ŵyl yn ein cyffroi,
yr arch mewn gorymdaith orfoleddus,
y bobl wedi eu gwisgo mewn ysblander,
y ffyddloniaid yn bloeddio mewn llawenydd.
Nerthwyd dy gyfamod â'th bobl,
mae dy brydferthwch yn ein denu ac yn ein harwain ymlaen,
at y daioni sydd yng nghraidd dy gyfraith,
at y gwirionedd a ddaeth yn fyw yn ein gweithredoedd.
Mae prydferthwch y cerfiadau pren a charreg,
pobl a weddnewidiwyd yn eu presenoldeb,
prydferthwch geiriau a cherddoriaeth,
yn ein dwyn ni'n agos at galon ein Duw.
Daliwyd ein golwg gan dy brydferthwch,
ochneidiwn mewn rhyfeddod a mawl.
Eto fe addawyd mwy i Dafydd y dydd hwnnw:
y byddai un o'i ddisgynyddion yn etifeddu'r Cyfamod.
A ddangosid prydferthwch mwy parhaol i ni,
yn ymgorffori'n ogoneddus y dwyfol a'r dynol?

>

PSALM 132: THE PILGRIM PSALMS XIII

Beauty and Bliss: I shall wonder

THE splendour of the Ark of the Covenant,
housed in the glory of the Temple,
crowning the City of Peace –
the pilgrims were drawn by the beauty of God.
No wonder that David of old
vowed not to enter his house,
to sleep in the comfort of his bed,
till the ark of the presence found rest.
Our gaze is held by your beauty,
we gasp with wonder and praise.
We are stirred by the festival day,
the ark in triumphal procession,
the people decked out in splendour,
the faithful shouting for joy.
Your covenant with your people is strengthened,
your beauty attracting and leading us on,
to the goodness at the heart of your law,
to the truth brought to life in our deeds.
The beauty of carvings in wood and in stone,
of people transformed in their presence,
the beauty of words and of music,
bring us close to the heart of our God.
Our gaze is held by your beauty,
we gasp with wonder and praise.
Yet more was promised to David that day:
a descendant would inherit the Covenant.
Would we be shown a more lasting beauty,
gloriously embodying the divine and the human?

Ac eto – gwrthgyferbyniad mwyaf rhyfeddol –
cyffyrddodd prydferthwch Duw yr esgymun:
nid oes yn y croeshoeliedig unrhyw beth i'n diddanu,
i lygaid ffydd yn unig y datgelir gogoniant Duw.
Os gall yr hacraf o greithiau ddisgleirio â goleuni newydd,
os medru di lunio ffurfiau newydd o'n anhrefn ni,
os gall beirdd ddwyn gobaith o ludw hil-laddiad,
gallwn orfoleddu unwaith eto yn dy Brydferthwch, O Dduw.
Daliwyd ein golwg gan dy brydferthwch,
ochneidiwn mewn rhyfeddod a mawl.

Tawelwch

Ysbryd Duw, cadw'n fyw ynom, **hyd yn oed mewn adfyd,
weledigaeth o brydferthwch gwir a duwiol, wedi ei
lunio o ddefnydd lleiaf tebygol dy greadigaeth, fel,
wedi'n donio a'n calonogi, na threngwn, eithr cael ein
hannog i ogoneddu. Amen.**

And yet – most wonderful paradox –
the beauty of God touched the outcast:
nothing in the crucified to delight us,
only to faith's eye is God's glory revealed.
If the ugliest of scars can shine with new light,
if you can fashion new forms from our chaos,
if poets can bring hope from genocide's ashes,
we can rejoice once again in your Beauty, O God.
**Our gaze is held by your beauty,
we gasp with wonder and praise.**

Silence

KEEP alive in us, Spirit of God, **even in desperate days,
a vision of a true and godly beauty, shaped from the
least likely matter of your creation, that graced and
cheered, we may not perish but be encouraged to
glory. Amen.**

DARLLENIAD

Hebreaid 11.13–16

MEWN ffydd y bu farw'r rhai hyn oll, heb fod wedi derbyn yr hyn a addawyd, ond wedi ei weld a'i groesawu o bell, a chyfaddef mai dieithriaid ac ymdeithwyr oeddent ar y ddaear. Y mae'r rhai sy'n llefaru fel hyn yn dangos yn eglur eu bod yn ceisio mamwlad. Ac yn wir, pe buasent wedi dal i feddwl am y wlad yr oeddent wedi mynd allan ohoni, buasent wedi cael cyfle i ddychwelyd iddi. Ond y gwir yw eu bod yn dyheu am wlad well, sef gwlad nefol. Dyna pam nad oes ar Dduw gywilydd ohonynt, nac o gael ei alw yn Dduw iddynt, oherwydd y mae wedi paratoi dinas iddynt.

Tawelwch

READING

Hebrews 11.13–16

ALL these our ancestors died in faith without having received the promises, but from a distance they saw and greeted them. They confessed that they were strangers and pilgrims on the earth, for people who speak in this way make it clear that they are seeking a homeland. If they had been thinking of the land that they had left behind, they would have had opportunity to return. But as it is, they desired a better country, that is, a heavenly one. Therefore God is not ashamed to be called their God; indeed, he has prepared a city for them.

Silence

CERDD

Ydwyt yr Hwn Ydwyt
gan D. R. Thomas

"Tydi a rydd fywyd i fychan a mawr
Tydi ym mhob bywyd yw'r bywyd bob awr."

Ti yw'r cynhyrfwr sy'n corddi'r nerfau
a'r tawelwch diwaelod sydd yng nghraidd ein bod.

Ti yw'r twllwch na all ddeall ei dyllu
A'r golau sy'n treiddio trwy bob dirgelwch.

Ti yw'r tu-hwnt sy'n orwel anghyrraedd
A'r agosatrwydd sy'n anadl einioes.

Ti yw'r Erlynydd sy'n herio pob haeriad
A'r Amddiffynydd sy'n cadarnhau ein ffydd.

Ti yw'r gydwybod sy'n staenio pob ymdrech
a'r drugaredd sy'n maddau ein holl anwireddau.

Ti yw'r anwybod sy'n gwawdio'r diwinydd
a'r golud crisial sy'n gorlifo'r galon.

Ti yw'r corwynt sy'n graeanu'r cerrig
A'r gaer sy'n gadarn ym mhob gerwinder.

Ti yw'r angau sy'n terfynu'n hingoedd
A'r bywyd real sy'n gorchfygu marwolaeth.

>

POEM

You are what you are
by D. R. Thomas

"You who give life to great and to small
You in each life are life every hour."

You are the agitator who churns the nerves
And the bottomless peace in the core of our being.

You are the darkness that understanding cannot lighten
And the light that penetrates through every mystery.

You are the beyond who is an unattainable horizon
And the nearness who is the breath of life.

You are the Prosecutor who challenges each assertion
And the Advocate who strengthens our faith.

You are the conscience who stains every effort
And the mercy who forgives all our untruths.

You are the unknown that mocks the theologian
And the crystal riches that overflow the heart.

You are the hurricane that splinters the rocks
And the fortress that's strong in every tempest.

You are the death that ends our sufferings
And the real life that conquers death.

Ti yw'r farn sy'n hidlo'r cenhedloedd
A'r cariad ffyddiog sy'n cyweirio'r byd.

Ti yw sêl y rebel sy'n rheibio
A'r tosturi sy'n gymod yng nghanol trais.

Ynot mae popeth yn byw, symud a bod,
Ynot mae rhyfel a thangnef ein hanfod.

Tawelwch

You are the judgement that sifts the nations
And the faithful love that orders the world.

You are the zeal of the rebel who plunders
And the compassion that reconciles in the midst of violence.

In you all things live, move and have their being,
In you is the war and peace of our essence.

Silence

EMYN

O TYRD ar frys, Iachawdwr mawr,
disgynned d'Ysbryd yma i lawr;
rho nerth i bawb o deulu'r Tad
gydgerdded tua'r hyfryd wlad.

Cyd-fynd o hyd dan ganu 'mlaen,
cyd-ddioddef yn y dŵr a'r tân,
cydgario'r groes, cydlawenhau,
a chydgystuddio dan bob gwae.

Duw, tyrd â'th saint o dan y ne',
o eitha'r dwyrain pell i'r de,
i fod yn dlawd, i fod yn un,
yn ddedwydd ynot ti dy hun.

Un llais, un sŵn, un enw pur
o'r gogledd fo i'r dwyrain dir,
o fôr i fôr, o gylch y byd,
sef enw Iesu oll i gyd.

HYMN

WHEN there is no star to guide you
and you cannot wait for day,
and your ancient maps provide you
only hints to find the way,
keep within each other's calling,
mark each time you make a turn,
shout for help if you are falling,
tell each other all you learn.

Be alert to shifts of weather:
if it turns to cold and frost
huddle closely all together,
check if any have been lost.
Listen for a river flowing,
feel for damper, moving air,
trace from where the wind is blowing,
move on bravely but with care.

If you think you have discovered
with your lantern in the night
some clear path the dark has covered
let the others bring their light.
Test your single lone perception
in their gathered shining beams;
what you saw may be projection
fed by shadows, fears, and dreams.

You may sometimes trip and stumble
on a hidden root or stone,
but remember as you grumble
that you do not fall alone.
And in risking dark expanses
never marked on map or chart
you will find that faith advances
through the landscape of your heart.

· *GWEDDÏAU*

Molwn di, Dduw dirgelwch a datguddiad, am dy saint, [ENWAU], a laniodd gyntaf ar y traethau hyn, ar ôl teithio mewn ffydd dros y Môr Celtaidd, ac a ddatguddiodd yn dy bobl yn y fan hon ffyrdd hanner cuddiedig dy gariad o'u mewn, gan sefydlu'r lleoedd gweddi, lle mae dy Ysbryd yn anwesu awel yr haf ac yn taranu trwy stormydd y gaeaf.

Dduw byw, cyffwrdd â ni eto, bererinion fel ag yr ydym, cryfha ni ar ein taith, a dwg ni gyda'th holl saint i wynebu'r rhai sy'n disgleirio mewn gogoniant, yn Iesu Grist, sydd ei hun yn arloeswr ac yn ffordd fywiol. **Amen.**

O DDYFNDER diddymdra y deui,
trwy bendro Anfeidroldeb,
i osod cwpan cymun ym myd amser.
Dy ras sydd yn goferu:
reis, ceirch, ffa a bara.
Maddau ein dyledion yn dy gariad a'th garedigrwydd,
fel y maddeuwn ni i'n dyledwyr ninnau.
Tynn ein bysedd o afael gwacter teganau a grym.
Rhyddha ni o rwymyn synhwyrus drygioni.
Ti yn unig fedr wneud i'r anialwch furmur a blodeuo.
Ti yn unig all ailargraffu ein bywydau.
Trawffurfia a hydreiddia hwy â'th ogoniant.
Amen.

PRAYERS

WE give you praise, God of mystery and revelation, for your saints, NN, who first touched these shores, travelling in faith across the surrounding seas, unveiling in your people here the ways of your love half hidden within them, planting the places of prayer, where your Spirit caresses in the summer breeze and thunders through the winter storms.

Living God, touch us again, pilgrim people that we are, strengthen us on our journey, and bring us with all your saints to the faces that shine in glory, in Jesus Christ, himself the pioneer and the living way. **Amen.**

FROM an abyss of nothing you come,
through a vertigo of Infinity,
to set a chalice in time.
Your grace brims over:
rice, oats, beans and bread.
Our debts remit with kind charity and love,
as we remit for those in debt to us.
Uncurl our fingers from the emptiness
of baubles and power.
Release us from the sensuous cling of evil's coil.
Only you can make the wilderness
hum and blossom.
Only you can reprint our lives.
Transfigure and indwell them with your glory.
Amen.

BYDDED i Dduw ein bendithio ni â phob gras nefol,
a'n gwneud yn gyfan ac yn sanctaidd.
Bydded i oleuni gogoniant Duw ddisgleirio
trwy ein hwynebau.
Bydded i Dduw ein harwain ni i ddoethineb, ein cadw ni yn
y gwirionedd,
a llenwi ein calon â gorlif ei gariad,
yn awr ac am byth. **Amen.**

MAY God bless us with all heavenly grace,
and make us whole and holy.
May the light of God's glory shine
through our faces.
May God guide us into wisdom, keep us in truth,
and flood our hearts with love,
now and always. **Amen.**

DYDD SADWRN

SATURDAY

SALM A GWEDDI AGORIADOL

Tawelwch

CEIR cipolwg ar y diwedd yng nghanol y daith:
mae'r cyflawniad y tu hwnt i'n dychymyg.
Ceir cipolwg ar y diwedd yng nghanol y daith:
mae'r cyflawniad y tu hwnt i'n dychymyg.
Bendigedig yw'r rhai y mae eu nerth ynot ti,
y mae dy ffyrdd yn eu calon,
y rhai sydd wrth ymlwybro trwy wastadedd diflastod
yn dod o hyd i ffynnon annisgwyl,
sy'n tarddu o ddyfnder y tir diffaith,
ac yn llenwi'r pyllau â dŵr.
Maent hwy yn troi'n ffynhonnau iachâd i eraill,
yn gronfeydd o dosturi i'r rhai archolledig.
Wedi cael eu hatgyfnerthu eu hunain maent hwy yn rhoi
    dewrder i eraill,
a bydd Duw yno ar derfyn eu taith.
Ceir cipolwg ar y diwedd yng nghanol y daith:
mae'r cyflawniad y tu hwnt i'n dychymyg.

O DDUW pererinion yr anialwch, **syfrdana ni, ni sy'n**
lluddedig ar ôl dyddiau undonog o haul neu gwmwl,
sy'n dwyn olion ymosodiad gwyntoedd troellog
anferthol, syfrdana ni eto ag afrlladfa o ryfeddod,
datguddiad o gariad, hafan o adfywiad, blas o'r
cynhaeaf, eiliad o ras. Amen.

OPENING PSALM AND PRAYER

Silence

THE end is known in the midst of the journey:
the fulfilment is beyond our imagining.
The end is known in the midst of the journey:
the fulfilment is beyond our imagining.
Blessed are those whose strength is in you,
in whose heart are your ways,
who trudging through the plains of misery
find in them an unexpected spring,
a well from deep below the barren ground,
and the pools are filled with water.
They become springs of healing for others,
reservoirs of compassion for those who are bruised.
Strengthened themselves they give courage to others,
and God will be there at the end of their journey.
The end is known in the midst of the journey:
the fulfilment is beyond our imagining.

O GOD of the desert pilgrims, **we who are wearied by**
monotonous days of sun or cloud, who are battered
by the monstrous whirling winds, surprise us yet
with a monstrance of wonder, a revelation of love, an
oasis of refreshment, a taste of the harvest, a
moment of grace. Amen.

SALM 133: SALM PERERIN XIV

Caru a Chael ein Caru: Caraf

GORFFWYSWN ynghyd mewn gwerddonau ar ffordd y
  pererinion,
gan rannu'r straeon a'r prydau sy'n ein hadfywio.
O Dduw, nid wyt ti'n ein barnu yn ôl ein llwyddiant neu'n
  methiant,
yr wyt ti'n ein galw i fod yn ffyddlon ac yn gywir,
i wneud yr hyn a fynni di, i ymhyfrydu yn dy fendith.
Bydded i ni fod yn un wrth gyfnewid cariad,
yn edrychiad y carwr a'r un a gerir.
Frodyr a chwiorydd, gyfeillion Duw,
mor dda ac mor ddymunol yw hi –
fel cadwyn o fynyddoedd yn dod ynghyd –
pan drigwn ynghyd yn gytûn.
Mae fel olew gwerthfawr persawrus,
fel gwlith y bore cynnar,
neu fel sawr yr haf yn y goedwig –
rhoddion y tu hwnt i bob disgwyl.
Mae fel prydferthwch sancteiddrwydd ei hun,
ymdeimlad o Bresenoldeb ym mannau'r weddi,
llygaid y ffyddloniaid yn edrych tua Duw,
yr adegau y cawsom ein syfrdanu gan fendithion newydd.
Bydded i ni fod yn un wrth gyfnewid cariad,
yn edrychiad y carwr a'r un a gerir.
Felly y rhoddwn ddiolch calon i ti, O Dduw,
ein bod ni'n medru cael cipolwg ar gytgord y ddynoliaeth,
er mwyn inni fedru credu y bydd y greadigaeth gyfan yn
  cael ei hadfer,
wedi ei hydreiddio o'r diwedd â goleuni dy ogoniant.
Bydded i ni fod yn un wrth gyfnewid cariad,
yn edrychiad y carwr a'r un a gerir.

PSALM 133: THE PILGRIM PSALMS XIV

Loving and Loved: I shall love

At oases on the pilgrim way we rest together,
sharing the stories and meals that refresh us.
O God, you do not judge us by success or by failure,
you call us to be faithful and true,
to do what you will, to delight in your blessing.
May we be one in the exchanges of love,
in the look of the eyes between lover and loved.
Brothers and sisters, friends of God,
how joyful and pleasant a thing it is –
like the gathering of a mountain range –
when we dwell together in unity.
It is like a precious and fragrant oil,
like the dew of early morning,
or the scent of summer in the forest –
gifts beyond all expectation.
It is like the very beauty of holiness itself,
a sense of Presence in the places of prayer,
the Godward eyes of faithful people,
the times we are surprised by new blessings.
May we be one in the exchanges of love,
in the look of the eyes between lover and loved.
So we give you heartfelt thanks, O God,
that we can glimpse the harmony of humanity,
that we can trust that all creation will be restored,
suffused at the last with the light of your glory.
May we be one in the exchanges of love,
in the look of the eyes between lover and loved.

Tawelwch

Dduw'r cymundeb, **bydded i ni glywed dy wahoddiad graslon i rannu lletygarwch dy fwrdd di a dawns dy gariad. Felly bydded i ni ymhyfrydu ym mhob peth yr wyt ti wedi ei greu i ni i'w fwynhau. Amen.**

Silence

GOD of communion, **may we hear your gracious invitation to share the hospitality of your table and the dance of your love. So may we take delight in everything that you have created for us to enjoy. Amen.**

SALM 134: SALM PERERIN XV

Bendith a Dechreuad: Fe'm bendithir

BILER tân, arwain ni ymlaen,
gan fynd o'n blaen yn barhaus.
Biler tân, arwain ni ymlaen,
gan fynd o'n blaen yn barhaus.
Dy gyfeillion di ydym ni ac mae dy weision yn dy fendithio,
    O Dduw,
wrth inni sefyll ddydd a nos yn dy bresenoldeb.
Codwn ein dwylo yn y lle sancteiddiolaf,
waliau yr hwn sy'n offrymu gweddïau'r pererinion.
Daethom o'r diwedd i Ddinas Heddwch,
a rhoddwn i ti, ein Duw, fawl o'r galon.
Bendithia ni a phopeth a roddaist i ni,
Greawdwr nef a daear.
Biler tân, arwain ni ymlaen,
gan fynd o'n blaen yn barhaus.
Bendithia ni wrth inni droi oddi wrth y creirfâu
rhag inni drwy oedi droi'n bileri o halen.
Bydd hyd yn oed y cerrig yn pydru'n llwch:
bydd y Presenoldeb yn mynd o'u mysg.
Gan amgyffred y doniau a adawodd ein hynafiaid i ni,
awn ar ein taith drachefn.
Nid oedd yr hyn a ystyriem yn nod yn ddim ond cam
    ar y daith,
ac mae'r Ysbryd yn ein hannog i fynd ymlaen.
Biler tân, arwain ni ymlaen,
gan fynd o'n blaen yn barhaus.

Tawelwch

PSALM 134: THE PILGRIM PSALMS XV

Blessing and Beginning: I shall be blessed

LEAD us on, Pillar of flame,
always going ahead of us.
Lead us on, Pillar of flame,
always going ahead of us.
We your friends and servants bless you, O God,
as we stand night and day in your presence.
We lift up our hands to the holiest of places,
whose walls pray the prayers of the pilgrims.
To the City of Peace we have come at the last,
and give you, our God, our heartfelt praise.
Bless us and all you have given us,
Creator of heaven and earth.
Lead us on, Pillar of flame,
always going ahead of us.
Bless us as we turn away from the shrines,
lest by lingering we become pillars of salt.
Even the stones will decay into dust:
the Presence will depart from among them.
Absorbing the gifts our ancestors left to us,
we set out once more on our journey.
What we thought was our goal was but a stage on the way,
and the Spirit is urging us on.
Lead us on, Pillar of flame,
always going ahead of us.

Silence

WEDI cael ein denu hwyrach **gan Enlli a Lindisfarne, Iona a Durham, Caer-gaint a Jerwsalem, Santiago a Rhufain, bydded i ninnau ymwroli fel ein hynafiaid yn y ffydd, bydded i ninnau geisio sancteiddio'r mannau lle y trigwn yn awr, a chael ein sancteiddio ein hunain gan y Duw sydd yn mynd o'n blaen ni. Amen.**

DRAWN as we may be **by Enlli and Lindisfarne, by Iona and Durham, by Canterbury and Jerusalem, by Santiago and Rome, let us take courage from our ancestors of faith, but let us now seek to make holy the places where we live, and to be made holy ourselves by the God who goes on before us. Amen.**

DARLLENIAD

Hebreaid 11.39—12.2

A'R rhai hyn oll, er iddynt dderbyn enw da oherwydd eu ffydd, ni chawsant feddiannu'r hyn a addawyd, am fod Duw wedi rhagweld rhywbeth gwell ar ein cyfer ni, fel nad ydynt hwy i gael eu perffeithio hebom ni.

Am hynny, gadewch i ninnau hefyd, gan fod cymaint torf o dystion o'n cwmpas, fwrw ymaith bob rhwystr, a'r pechod sy'n ein maglu mor rhwydd, a rhedeg yr yrfa sydd o'n blaen heb ddiffygio, gan gadw ein golwg ar Iesu, awdur a pherffeithydd ffydd. Er mwyn y llawenydd oedd o'i flaen, fe oddefodd ef y groes heb ddiffygio, gan ddiystyru gwarth, ac y mae wedi eistedd ar ddeheulaw gorseddfainc Duw.

Tawelwch

READING

Hebrews 11.39—12.2

YET all these our ancestors who lived by faith, for which they were commended, nevertheless did not receive what was promised, since God had provided something better so that they would not, apart from us, be made perfect.

Therefore, since we are surrounded by so great a cloud of witnesses, let us also lay aside every weight, and the sin that clings so closely, and let us run with perseverance the race that is set before us, looking to Jesus the pioneer and perfecter of our faith, who for the sake of the joy that was set before him endured the cross, disregarding its shame, and has taken his seat at the right hand of the throne of God.

Silence

CERDD

Arglwydd aruchel, henffych well
Cerdd Gymraeg gynnar

ARGLWYDD aruchel, henffych well!
Bydded i eglwys a changell dy ogoneddu;
Bydded i gangell ac eglwys dy ogoneddu;
Bydded i'r lle gwastad a'r lle serth dy ogoneddu;
Bydded i ti fendith y tair ffynnon sydd;
Bydded i'r tywyllwch a'r dydd dy ogoneddu;
Bydded i goed gwyllt a choed y berllan dy ogoneddu;
Fe'th ogoneddodd Abraham, arweinydd ffydd;
Bydded i fywyd tragwyddol dy ogoneddu;
Bydded i'r adar a'r gwenyn dy ogoneddu;
Bydded i'r adladd a'r glaswellt dy ogoneddu;
Fe'th ogoneddodd Aaron a Moses.
Bydded i wryw a benyw dy ogoneddu;
Bydded i (blanedau'r) saith diwrnod a'r sêr dy ogoneddu;
Bydded i'r awyr a'r ether dy ogoneddu;
Bydded i lyfrau a llên dy ogoneddu;
Bydded i'r pysgod yn y cerrynt dy ogoneddu;
Bydded i feddwl a gweithred dy ogoneddu;
Bydded i dywod a thywarch dy ogoneddu;
Bydded i'r (holl) bethau da a grewyd dy ogoneddu,
Mi a'th ogoneddaf, arglwydd y gogoniant,
Arglwydd aruchel, henffych well!

Tawelwch

POEM

Glorious Lord I Give You Greeting
Early Welsh

HAIL to you glorious Lord!
May church and chancel praise you.
May chancel and church praise you.
May plain and hillside praise you.
May the three springs praise you.
May darkness and light praise you.
May the cedar and sweet fruit tree praise you.
Abraham praised you, the founder of faith.
May life everlasting praise you.
May the birds and the bees praise you.
May the stubble and the grass praise you.
Aaron and Moses praised you.
May male and female praise you.
May the seven days and the stars praise you.
May the lower and upper air praise you.
May books and letters praise you.
May the fish in the river praise you.
May thought and action praise you.
May the sand and the earth praise you.
May all good things created praise you.
And I too shall praise you, Lord of glory.
Hail to you glorious Lord!

Silence

EMYN

AGOR di ein llygaid, Arglwydd,
  i weld angen mawr y byd,
gweld y gofyn sy'n ein hymyl,
  gweld y dioddef draw o hyd:
maddau inni bob dallineb
  sydd yn rhwystro grym dy ras,
a'r anghofrwydd sy'n ein llethu
  wrth fwynhau ein bywyd bras.

Agor di ein meddwl, Arglwydd,
  er mwyn dirnad beth sy'n bod,
gweld beth sy'n achosi cyni
  a gofidiau sydd i ddod;
dysg in dderbyn cyfrifoldeb
  am ein rhan os ŷm ar fai,
maddau inni os anghofiwn
  gyflwr yr anghenus rai.

Agor di ein calon, Arglwydd,
  a gwna ni yn gyson-hael,
O perffeithia ein trefniadau
  fel y llwyddont yn ddi-ffael:
rhown yn awr ein diolch iti
  am y rhoddion ddaw o hyd;
dan dy fendith daw haelioni
  a llawenydd i'r holl fyd.

HYMN

BROTHER, Sister, let me serve you,
let me be as Christ to you;
pray that I may have the grace to
let you be my servant too.

We are pilgrims on a journey,
and companions on the road;
we are here to help each other
walk the mile and bear the load.

I will hold the Christ-light for you
in the night-time of your fear;
I will hold my hand out to you,
speak the peace you long to hear.

I will weep when you are weeping;
when you laugh I'll laugh with you;
I will share your joy and sorrow
till we've seen this journey through.

When we sing to God in heaven
we shall find such harmony,
born of all we've known together
of Christ's love and agony.

Sister, Brother, let me serve you,
let me be as Christ to you;
pray that I may have the grace to
let you be my servant too.

GWEDDÏAU

Molwn di, Dduw dirgelwch a datguddiad, am dy saint, [ENWAU], a laniodd gyntaf ar y traethau hyn, ar ôl teithio mewn ffydd dros y Môr Celtaidd, ac a ddatguddiodd yn dy bobl yn y fan hon ffyrdd hanner cuddiedig dy gariad o'u mewn, gan sefydlu'r lleoedd gweddi, lle mae dy Ysbryd yn anwesu awel yr haf ac yn taranu trwy stormydd y gaeaf.

Dduw byw, cyffwrdd â ni eto, bererinion fel ag yr ydym, cryfha ni ar ein taith, a dwg ni gyda'th holl saint i wynebu'r rhai sy'n disgleirio mewn gogoniant, yn Iesu Grist, sydd ei hun yn arloeswr ac yn ffordd fywiol. **Amen.**

Ysbryd,
**fy Nhad, fy Mam a llawer mwy –
y tu hwnt i bob lle, amser a bodolaeth –
yr wyt ti'n ddienw ac eto ym mhob enw.
Bydded i'r llawenydd a'r hyfrydwch
sy'n furiau am dy ddinas nefol
ddisgleirio yn ein tiroedd toredig,
ein bryniau llygredig a'n ffenestri craciog.
Ddarparwr teim a gwellt,
dyro inni win a mêl.
Yn dy faddeuant di
y gorwedd maddeuant ein ffrindiau a'n gelynion.
Dyro inni gysondeb i wrthsefyll temtasiwn.
Pan ydym yn gaeth i ddrygioni ac yn suddo,
rhyddha ni.
Mae llewyrch y creigiau gwynion
a'r clychau gleision,
yr haul a'r lloer yn eiddot ti byth. Amen.**

PRAYERS

WE give you praise, God of mystery and revelation, for your saints, NN, who first touched these shores, travelling in faith across the surrounding seas, unveiling in your people here the ways of your love half hidden within them, planting the places of prayer, where your Spirit caresses in the summer breeze and thunders through the winter storms.

Living God, touch us again, pilgrim people that we are, strengthen us on our journey, and bring us with all your saints to the faces that shine in glory, in Jesus Christ, himself the pioneer and the living way. **Amen.**

SPIRIT,
**my Father, Mother and more –
beyond all location, time and being –
you are unnamed yet set within all names.
May the bliss and delight
which wall your celestial city
shine in our broken lands,
polluted hills, and cracked window panes.
Provender of thyme and straw,
wine and honey provide.
In your forgiveness of us
lies our forgiveness of friends and enemies.
Give us constancy to be unyielding in temptation.
When we are bound captive to evil and sink,
liberate us.
The radiance of white rocks and bluebells,
of sun and stars, is forever yours. Amen.**

BYDDED i'r ffordd godi i'ch gyfarfod chwi.
Bydded i'r gwynt fod wrth eich cefn.
Bydded i'r haul ddisgleirio'n gynnes ar eich wyneb.
Bydded i'r glaw ddisgyn yn dyner ar eich caeau a'ch gerddi.
A nes inni gyfarfod eto
bydded i Dduw eich dal chwi ar gledr ei llaw.
Amen.

May the road rise to meet you.
May the wind be at your back.
May the sun shine warm upon your face.
May the rains fall softly on your fields and gardens.
And until we meet again
may God hold you in the hollow of her hand.
Amen.

FFYNONELLAU A
CHYDNABYDDIAETHAU

Mae'r ymchwil, cymhleth weithiau, i ddod o hyd i gydnabyddiaethau a, lle bo angen, caniatâd hawlfraint, wedi bod yn mynd ymlaen am fisoedd. Fel sy'n ymddangos yn anochel y dyddiau hyn, diffrwyth fu rhai o'r ymholiadau. Gobeithio bod y cydnabyddiaethau yn gywir ac wrth gwrs fe fydd y lluniwr yn hapus i wneud newidiadau os argreffir y llyfr hwn eto, ac i dalu unrhyw dâl hawlfraint teg sy'n ddyledus.

Y SALM A'R WEDDI AGORIADOL
Fersiwn newydd y lluniwr o ran o Salm 84 yw'r salm, a'r weddi hithau.

SALMAU
Yn draddodiadol gelwir salmau 120–134 yn Salmau'r Pererin, a ganwyd wrth i deithwyr ddynesu at Jerwsalem. Fersiwn newydd Jim Cotter ohonynt a ymddangosodd gyntaf yn ei lyfr, *Towards the City: A version of Psalms 101–150*, Cyhoeddiadau Cairns, 1991 a geir yma. Cynthia Davies piau'r cyfieithiad Cymraeg a geir yn y llyfr hwn.

DARLLENIADAU
Mae'r rhain i gyd yn ysgrythurol. Fersiwn J. D. Crossan o'i gasgliad o ddywediadau Iesu a gyhoeddwyd (ond nas cafodd chwarae teg, os caf ddweud, oherwydd yr ansoddair ffasiynol yn y teitl) fel *The Essential Jesus, Earliest Sayings and Original Images*, Harper San Francisco, 1994, yw'r un ar gyfer Dydd Mercher.

CERDDI
Daw cerdd R. S. Thomas 'Pilgrimages' o'i gasgliad *Frequencies*, a gyhoeddwyd gan Macmillan yn 1978. Eiddo Cynthia Davies yw'r cyfieithiad Cymraeg.

Mae 'Wedi'r Canrifoedd Mudan' gan Waldo Williams, yn ymddangos yn ei lyfr Dail Pren a gyhoeddwyd yn Llandysul gan Wasg Gomer yn 1956 ac a gyfieithwyd i'r Saesneg fel 'I knot their praises' gan Tony Conran. Mae hwnnw ar gael yn *Penguin Book of Welsh Verse*, 1967, a ailargraffwyd gan Wasg Poetry Wales yn 1986.

Ymddengys 'Ni thau y bryniau' Bobi Jones yn ei lyfr *Hunllef Arthur, Credo*

SOURCES &
ACKNOWLEDGEMENTS

The often complicated hunt for accurate acknowledgement and where necessary for copyright permissions has been active for a few months. As seems inevitable these days, some of the enquiries have run into the sand. I hope the acknowledgements are accurate and of course the compiler will be happy to make adjustments in any subsequent edition of this book, and to pay any fair copyright fee that may be owing.

OPENING PSALM AND PRAYER
The psalm is a new unfolding by the compiler of part of Psalm 84, as is the prayer.

PSALMS
Psalm 120–134 are traditionally known as the Pilgrim Psalms, sung as travellers approached Jerusalem. The version printed here is a new unfolding by Jim Cotter and first appeared in his book, *Towards the City: A version of Psalms 101–150*, Cairns Publications, 1991. The Welsh translation in this book is by Cynthia Davies.

READINGS
These are all scriptural. That for Wednesday is a version by J. D. Crossan from his collection of the sayings of Jesus published (not well served, if I may say so, by the fashionable adjective in the title) as *The Essential Jesus, Earliest Sayings and Original Images*, HarperSanFrancisco, 1994.

POEMS
R. S. Thomas's poem 'Pilgrimages' comes from his collection *Frequencies*, published by Macmillan in 1978. The Welsh translation is by Cynthia Davies.
'Wedi'r Canrifoedd Mudan' by Waldo Williams appears in his book *Dail Pren*, published in Llandysul by Gwasg Gomer in 1956 and translated into English as 'I knot their praises' by Tony Conran, and can be found in the *Penguin Book of Welsh Verse*, 1967, reprinted by Poetry Wales Press in 1986.
'Ni thau y bryniau' by Bobi Jones appears in his book *Hunllef Arthur, Credo XII*, published by Barddas and reproduced here by permission. I am

XII, a gyhoeddwyd gan Barddas ac a atgynhyrchir yma trwy ganiatâd. Mae arnaf ofn nad wyf yn cofio ffynhonnell y cyfieithiad Saesneg 'The hills do not keep silence'.

Daw'r detholiad o gerdd Gwenallt – 'Dewi Sant' yn Gymraeg a 'Saint David' yn Saesneg – o'i lyfr *Eples* a gyhoeddwyd yn 1951 gan Wasg Gomer. Mae'r cyfieithiad Saesneg yn ymddangos yn y *Penguin Book of Welsh Verse*.

Daw 'Y wledd nefol' yn Gymraeg, 'The heavenly banquet' yn Saesneg, sy'n dyddio o'r ddegfed neu unfed ganrif ar ddeg o'r Wyddeleg yn wreiddiol. Argraffwyd y fersiwn Saesneg yn *An Old Woman's Reflections*, gan Peg Sayers a gyfieithwyd o'r Wyddeleg gan Seamus Ennis ac a gyhoeddwyd yn 1962 gan Wasg Prifysgol Rhydychen. Cymdeithas Lyfrau Ceredigion Cyf, Castell Brychan, Aberystwyth, piau hawlfraint y cyfieithiad Cymraeg.

Ceir cerdd D. R. Thomas, 'Ydwyt yr hyn ydwyt' yn ei lyfr *Gwynfyd a Gwae*, a gyhoeddwyd gan Wasg Gomer yn 1987. Cynthia Davies piau'r cyfieithiad Saesneg. Mae'n ymddangos yn *Cydymaith y Pererin*, a gyhoeddwyd gan Wasg Gomer yn 1989.

Cerdd Gymraeg gynnar sy'n ymddangos mewn sawl diwyg fodern yw 'Arglwydd aruchel, henffych well'. Cyfieithiad Marged Heycock yw hwn a geir yn *Blodeugerdd Barddas o Ganu Crefyddol Cynnar* a gyhoeddwyd gan Barddas yn 1994 ac a ddefnyddir yma trwy ganiatâd. Daw'r fersiwn Saesneg o *An Anthology of Medieval and Modern Celtic Christian Spirituality*, gan Oliver Davies a Fiona Bowie, a gyhoeddwyd yn 1989 gan SPCK.

EMYNAU

Dydd Sul: Gilo piau'r emyn Saesneg ac mae'n cael ei argraffu yma trwy ganiatâd. Mae 'Sheltered Dale' yn dôn addas ar ei gyfer. William Williams, 1717–91, yw awdur yr emyn Cymraeg, rhif 578 yn *Caneuon Ffydd*. Y dôn yw Gnoll Avenue.

Dydd Llun: Y lluniwr a gyfansoddodd yr emyn Saesneg mewn lôn gerllaw Machynlleth ar fore o Fai wrth chwilio am ddelweddau eraill sy'n ymwneud â phererindod, i wrthbwyso'r rhai a welir yn 'Guide me O thou great Jehovah' ond ar yr un dôn, 'Cwm Rhondda'. J. J. Williams, 1869–1954, a gyfansoddodd yr emyn Cymraeg, rhif 112 yn *Caneuon Ffydd*. Y dôn yw Morfudd.

Dydd Mawrth: Timothy Rees yw awdur yr emyn Cymraeg, rhif 22 yn *Tymhorau Gogoniant*. Adnoddau addoli ar gyfer Y Flwyddyn Gristnogol, a gyhoeddwyd gan Cytûn: Eglwysi Ynghyd yng Nghymru, yn 1997. Addaswyd y cyfieithiad Saesneg a geir yn y llyfr hwnnw gan y lluniwr. Y dôn yw Hyfrydol.

Dydd Mercher: Cerdd Gwenallt a ddefnyddir fel emyn yn y Gymraeg. Fe'i ceir yn *Ysgubau'r Awen*, a gyhoeddwyd gan Wasg Gomer yn 1957.

afraid I have lost track of the source of the English translation, 'The hills do not keep silence'.

The extract from Gwenallt's poem entitled 'Dewi Sant' in Welsh and 'St David' in English is from his book *Eples* and published by Gwasg Gomer in 1951. The English translation appears in the *Penguin Book of Welsh Verse*.

'Y wledd nefol', in English 'The heavenly banquet' is originally tenth or eleventh century Irish. This English version was printed in Peig Sayers, *An Old Woman's Reflections*, translated from the Irish by Seamus Ennis and published in 1962 by the Oxford University Press. The copyright on the Welsh translation is held by Cymdeithas Lyfrau Ceredigion Cyf, at Castell Brychan in Aberystwyth.

'Ydwyt yr hyn ydwyt' is by D.R. Thomas, and is to be found in his *Gwynfyd a Gwae*, published by Gwasg Gomer in 1987. The English translation, 'You are what you are', is by Cynthia Davies and appears in *A Welsh Pilgrim's Manual*, published by Gwasg Gomer in 1989.

'Arglwydd aruchel, henffych well' is an early Welsh poem that appears in various modern versions. It can be found in Marged Haycock's translation in *Blodeugerdd Barddas o Ganu Crefyddol Cynnar*, published by Barddas in 1994 and reproduced here by permission. The English version comes from Oliver Davies and Fiona Bowie's *An Anthology of Medieval and Modern Celtic Christian Spirituality*, published by SPCK in 1989.

HYMNS

Sunday: The hymn in English is by Gilo and printed here by permission. A suitable tune is 'Sheltered Dale'. The hymn in Welsh is by William Williams, 1717–91, and is no. 578 in *Caneuon Ffydd*. The tune is Gnoll Avenue.

Monday: The hymn in English is by the compiler and was 'written' in a lane near Machynlleth on a May morning as a result of searching for other images of pilgrimage to balance the ones that appear in 'Guide me O thou great Jehovah', but with the same tune, 'Cwm Rhondda'. The hymn in Welsh is by J. J. Williams, 1869–1954, and is no. 112 in *Caneuon Ffydd*. The tune is Morfudd.

Tuesday: The hymn in Welsh is by Timothy Rees, no. 122 in *Tymhorau Gogoniant*, Worship Resources for the Christian Year, published by Cytun, Churches Together in Wales, in 1997. The English translation in that book has been adapted here by the compiler. The tune is 'Hyfrydol'.

Wednesday: The hymn in Welsh is a poem by Gwenallt, to be found in his *Ysgubau'r Awen*, and published by Gwasg Gomer in 1957. The English translation by Tony Conran has been very slightly adapted by the compiler so that it can be sung. The tune is 'Marching'.

Newidiodd y lluniwr ychydig bach ar gyfieithiad Saesneg Tony Conran ohoni fel y gellir ei chanu. Y dôn yw 'Marching'.

Dydd Iau: Thomas Troeger piau'r emyn Saesneg ac mae yn ei lyfr, *Borrowed Light*. Gwasg Prifysgol Rhydychen, Cyf, 1994 piau hawlfraint y geiriau ac fe'u hatgynhyrchir trwy ganiatâd. Gellir ei ganu ar 'Tallis Ordinal'. David Jones, 1805–68, yw awdur yr emyn Cymraeg, rhif 76 yn *Caneuon Ffydd*. Y dôn yw 'Maelor'.

Dydd Gwener: Thomas Troeger piau'r emyn Saesneg ac mae yn ei lyfr, *Borrowed Light*. Gwasg Prifysgol Rhydychen, Cyf, 1994 piau hawlfraint y geiriau ac fe'u hatgynhyrchir trwy ganiatâd. Mae 'Blaenwern' yn dôn addas ar ei gyfer. Eifion Wyn piau'r emyn Cymraeg, rhif 240 yn *Caneuon Ffydd*. Y dôn yw 'Erromanga'.

Dydd Sadwrn: Richard Gillard piau'r emyn Saesneg, rhif 16 yn *Common Ground*, llyfr caneuon i'r eglwysi a gyhoeddwyd gan Wasg St Andrew yn 1998. © 1977 Scripture in Song (adran o Integrity Music) / Sovereign Music UK, PO Box 356, Leighton Buzzard, LU7 3WP. Atgynhyrchir trwy ganiatâd. Y dôn yw 'Servant Song'. W. Rhys Nicholas, 1914–1996, gyfansoddodd yr emyn Cymraeg, rhif 842 yn *Caneuon Ffydd*. Mae'n cael ei argraffu yma trwy ganiatâd Richard E. Huws.

GWEDDÏAU

Y lluniwr a gyfansoddodd y weddi ddyddiol. Prydwen Jenkins a Cynthia Davies piau'r cyfieithiad Cymraeg.

Mae'r ail o'r tair weddi a seiliwyd ar Weddi'r Arglwydd, ond sydd yn wahanol bob dydd, yn dod o lyfr Derek Webster, *Our Time Now*, a gyhoeddwyd gan Wasg Kenelm yn 1997. Argreffir hi yma trwy ganiatâd yr awdur.

Gweddïau Celtaidd traddodiadol a addaswyd gan y lluniwr yw'r bendithion ar y diwedd.

Thursday: The hymn in English is by Thomas Troeger and can be found in his book, *Borrowed Light*. The words are © 1994 Oxford University Press, Inc., and are reproduced by permission. A suitable tune is 'Tallis Ordinal'. The hymn in Welsh is by David Jones, 1805–68, and is no. 76 in *Caeneuon Ffydd*. The tune is 'Maelor'.

Friday: The hymn in English is by Thomas Troeger and can be found in his book, *Borrowed Light*. The words are © 1994 Oxford University Press, Inc., and are reproduced by permission. A suitable tune is 'Blaenwern'. The hymn in Welsh is by Eifion Wyn, and is no. 240 in *Caeneuon Ffydd*. The tune is 'Erromanga'.

Saturday: The hymn in English is by Richard Gillard, no. 16 in *Common Ground*, a song book for all the churches published by St Andrew Press in 1998. © 1977 Scripture in Song (a division of Integrity Music) / Sovereign Music UK, PO Box 356, Leighton Buzzard, LU7 3WP. Reproduced by permission. The tune is 'Servant Song'. The hymn in Welsh is by W. Rhys Nicholas, 1914–1996, no. 842 in *Caeneuon Ffydd*, and it is printed here by permission of Richard E. Huws.

PRAYERS

The daily prayer is by the compiler. The Welsh translation is by Prydwen Jenkins and Cynthia Davies.

The second of the three prayers, based on the Lord's Prayer, different each day, comes from Derek Webster's book, *Our Time Now*, published by the Kenelm Press in 1997 and printed here by permission of the author.

The blessings are traditional Celtic, adapted by the compiler.

A NOTE ON TREES

How many trees have been used to publish this book? Well, only the pulp is used, which comes from the trimmings: the trunks are used for furniture. A commercially grown soft wood tree produces, on average, about one-sixth of a ton of pulp. Since this book has used about one ton, it has needed six trees to produce it – but of course not all of those six trees. By weight it has needed about three-quarters of one tree. So Cairns Publications is donating the wherewithal for the planting of two trees, in gratitude and recompense.

NODYN AR GOED

Sawl coeden a ddefnyddiwyd i gyhoeddi'r llyfr hwn? Wel, y mwydion yn unig a ddefnyddir. Daw'r rhain o'r torion: defnyddir y boncyffion i wneud dodrefn. Mae coeden pren meddal a dyfir yn fasnachol yn cynhyrchu, ar gyfartaledd, rhyw chweched ran o dunnell o fwydion. Gan fod y llyfr hwn wedi defnyddio tuag un dunnell, roedd angen chwe choeden i'w gynhyrchu – ond ni ddefnyddid hwy yn eu crynswth wrth gwrs. Yn ôl y pwysau roedd angen tua thri chwarter un goeden. Felly, i wneud iawn, mae Cyhoeddiadau Cairns yn rhoi arian ar gyfer plannu dwy goeden, mewn diolchgarwch.